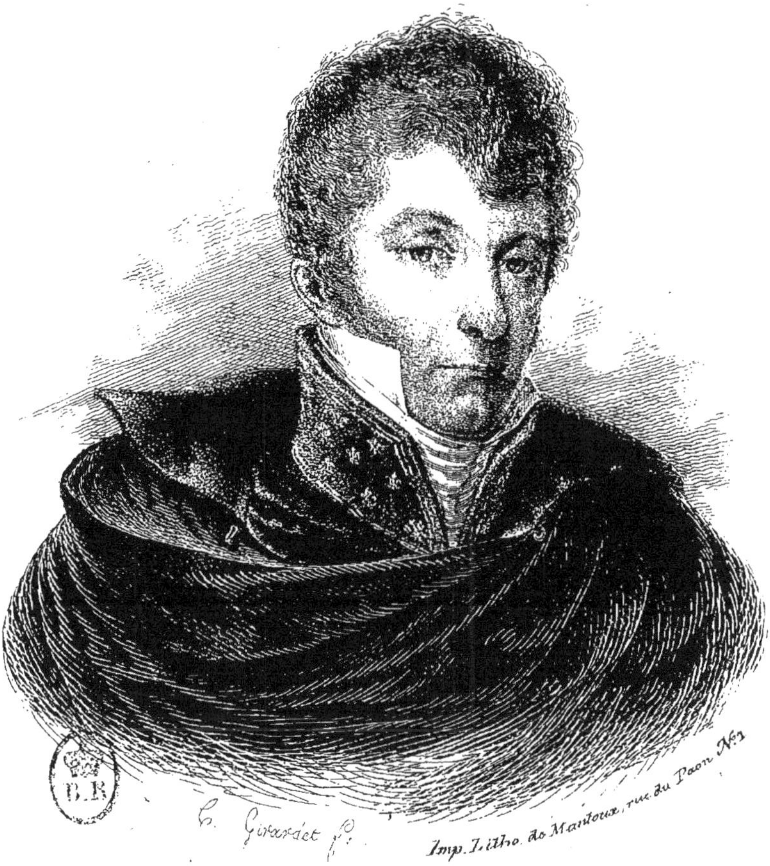

C. Girardet f.

Imp. Litho. de Mantoux, rue du Paon N.1

Le Comte Delaborde.

BIOGRAPHIE.

M. LE COMTE ALEXANDRE DE LABORDE.

Il est difficile de présenter une carrière plus mêlée d'événements variés, de situations et d'emplois divers, que la vie de M. Alexandre de Laborde, qui n'est pas cependant encore à son déclin.

Il naquit à Paris, le 15 septembre 1774, de Jean-Joseph de Laborde, banquier de la cour, appartenant à une ancienne famille du Béarn. Il fut, ainsi que ses trois frères aînés, élevé à Jully, et serait entré comme eux dans la marine, sans les malheurs arrivés à ses deux aînés, qui périrent dans le voyage de la Peyrouse, ce qui engagea M. de Laborde à ne pas se séparer de son dernier fils, qui fut nommé cadet gentilhomme à la suite de l'artillerie en 1787. Les approches de la révolution jetaient déjà quelques incertitudes sur diverses situations et rendaient le choix d'un état plus difficile. M. de Laborde père, se rappellant que l'empereur Joseph, lors de son voyage en France et pendant un séjour prolongé dans la terre de La Ferté, satisfait de l'accueil qu'il y recevait, avait témoigné le désir de voir entrer au service d'Autriche un des enfants du propriétaire, prit alors tout d'un coup la résolution d'envoyer le dernier de ses fils à Vienne, avec une simple lettre à l'empereur. Le jeune de Laborde, à peine âgé de 15 ans et demi, se présente au palais de l'empereur, et lui fait remettre sa lettre par le grand chambellan prince de Rosamberg. « C'est bien vrai, dit l'empereur en la lisant, dites à ce jeune homme que je n'ai pas oublié son excellent père, et que lui je le fais sous-lieutenant dans mes carabiniers. Je suis trop malade

10
Unidades

Biographie (Éd.1828)

pour le recevoir, mais qu'il se présente demain chez le maréchal de Lascy, propriétaire de ce régiment. » Le maréchal, voyant que l'empereur lui envoyait un enfant qui était trop faible pour porter une cuirasse, en parla à l'empereur, qui nomma M. de Laborde, sous-lieutenant dans le régiment de Venceslas-Colloredo, et aide-de-camp du général de ce nom, chargé alors du commandement de l'armée qui se rassemblait en Moravie pour entrer en Pologne. Deux ans après, il fut nommé capitaine dans les chevau-légers de Kinsky, et fit en cette qualité et celle de chef d'escadron cinq campagnes, fut blessé deux fois, et obtint l'honneur, bien rare pour un étranger, d'être mentionné avec éloge dans les *Annales de l'Armée autrichienne* (1), composées sous la direction et imprimées par ordre du gouvernement autrichien. Si un Français est excusable de n'avoir pas quitté à cette époque le service étranger, c'est sans contredit M. de Laborde. Il était entré au service d'Autriche avant la révolution, lorsque cette puissance était encore alliée à la France, et qu'elle seule faisait la guerre. Son père avait été depuis jeté en prison, et n'en sortit que pour aller finir sur l'échafaud sa longue et honorable vie. Au milieu des horreurs de la guerre, M. de Laborde conserva toujours un cœur français. Transporté blessé dans la ville de Heidelberg, où le général Oudinot, fait prisonnier par le régiment dans lequel il servait, venait aussi d'être conduit, dès qu'il put sortir, il alla trouver ce général, lui offrit ses services, visita avec lui les autres prisonniers français, et leur prodigua des secours et des soins. Aussitôt qu'il put rentrer en France, il quitta le service d'Autriche, et revint dans sa patrie peu de temps après le traité de Campo-Formio. Il se livra alors avec ardeur à l'étude des langues anciennes, des lettres et des arts, parcourut l'Angleterre, la Hollande et

---

(1) Tom. 2, article *Kinsky*.

l'Italie, et se prépara au voyage d'Espagne, qu'il méditait depuis long-temps, désirant décrire ce pays si peu connu alors, et si intéressant sous plusieurs rapports. Après avoir exécuté ce projet, il publia successivement la *Description de la Mosaïque d'Italica*, un vol. grand in-fol. ; le *Voyage pittoresque et historique de l'Espagne*, 4 vol. in-fol. ; et l'*Itinéraire de l'Espagne*, 5 vol. in-8°. Quelques années après, la *Description des Vases grecs du comte de Lamberg*, une des collections les plus précieuses ; un *Voyage pittoresque en Autriche*, 2 vol. in-fol. ; un grand travail sur les *Monuments de la France*, classés chronologiquement. Ce dernier ouvrage est le seul qui ne soit pas encore terminé.

Les différents travaux de M. de Laborde lui méritèrent d'être membre de l'Institut (Académie des inscriptions et belles-lettres), et attirèrent sur lui les regards du gouvernement. L'empereur Napoléon l'emmena avec lui en Espagne, et l'année suivante en Autriche : là il retrouva plusieurs de ses anciens camarades d'armées qui lui témoignèrent de l'intérêt, tels que le comte Bubna, le prince Jean de Luslensten. Cette circonstance le mit à portée de contribuer en très-grande partie au traité de paix de Vienne, et peu de temps après au mariage de Napoléon avec Marie-Louise, pour lequel il fut envoyé à Vienne comme secrétaire de l'ambassade extraordinaire confiée au prince de Neufchâtel. M. de Laborde a composé une relation curieuse de cet événement, qui n'est nulle part bien raconté dans les différents Mémoires qui paraissent journellement. Il serait à désirer qu'il en publiât le manuscrit.

Nommé successivement maître des requêtes au conseil-d'état, président de la liquidation des comptes de la grande armée et directeur des travaux publics de Paris, il publia en 1812 un *Recueil de projets des travaux d'utilité publique à exécuter dans Paris*, dont on a déjà exécuté une partie, et cet ouvrage est consulté encore pour tous les travaux de ce

genre. On y distingue surtout un système perfectionné pour
les égoûts, ainsi que pour la distribution des eaux jusqu'aux
étages les plus élevés des maisons, un modèle de trottoirs en
dalles de granit, et des projets de fontaines publiques.

M. de Laborde était chef de bataillon de la garde nationale
de Paris, et se trouvait le 31 mars 1814 posté avec une compagnie de grenadiers au-dehors de la barrière de Clichy. Il
fut envoyé dans la nuit par le maréchal Moncey, avec M.
Tourton, au camp russe, afin de traiter d'une capitulation
honorable pour la garde nationale. A son retour, il fut nommé
colonel d'état-major de cette garde, et eut le commandement
aux Tuileries pendant les dix derniers jours qui précédèrent
le 20 mars 1815. Il fit ensuite un voyage en Angleterre pour
prendre connaissance de différentes améliorations et institutions nouvelles. A son retour, il publia le premier ouvrage
qui ait paru sur l'*Enseignement mutuel*, et fut pendant trois
ans secrétaire-général de la société formée pour la propaga-
tion de cette méthode. Il publia de plus différents écrits sur
l'administration et l'économie politique. Son ouvrage *Sur
l'Esprit d'association* et son *Rapport sur les prisons de Paris*,
donnèrent lieu à plusieurs améliorations dans le régime intérieur des prisons. Rentré dans le conseil-d'état en 1818, il en
fut de nouveau exclu peu de temps après. Son attachement
aux institutions constitutionnelles et aux améliorations d'une
utilité reconnue, et le besoin qu'il éprouvait d'attaquer tous
les abus et de chercher à soulager les maux de l'humanité,
le firent éloigner comme imbu d'opinions libérales ; mais repoussé par le ministère, il fut adopté par la nation, et reçut
bientôt le témoignage le plus flatteur de l'estime générale par
sa nomination à la chambre des députés ; M. de Laborde fut
élu en 1822 par le grand collége du département de la Seine.
Il a paru plusieurs fois à la tribune à cette époque, et s'est
prononcé avec énergie sur des matières importantes. Il a voté
contre la proposition de la loi des douanes, qu'il a signalée

comme contraire à toutes les saines doctrines en économie.
politique, assertion qui s'est trouvée vérifiée par le temps,
puisqu'il est à présent question d'y apporter des changements
Le discours improvisé qu'il prononça au sujet de la conduite
de certains agents de l'autorité envers le colonel Dufay, produisit une grande sensation dans l'assemblée. M. de Laborde
se prononça avec force contre la guerre d'Espagne en 1823,
et fut un des 75 qui sortirent de la chambre en 1822, à l'ex-
pulsion du député Manuel. Il ne fut plus réélu en 1824.

Désespérant de faire le bien en France pendant le ministère de MM. de Villèle et Corbière, il profita de ce temps de
stérilité pour s'occuper à terminer l'éducation de son fils qu'il
avait fait élever dans les universités allemandes. Il partit avec
ce jeune homme pour un voyage classique autour de la mé-
diterranée dans les pays les plus intéressants de l'antiquité.
Le rapport que M. de Laborde fit à son retour à l'institut sur
ce voyage, excita beaucoup d'intérêt, fut reproduit ou ana-
lysé par toutes les feuilles publiques. A peine de retour en
France, il eut la satisfaction d'apprendre que son fils, qu'il
avait laissé en Egypte, avait complété ses recherches par
un voyage très-nouveau et très-important dans l'Arabie Pétrée.
M. de Laborde apprit, à son retour en France, qu'il avait été
nommé de nouveau à la chambre des députés par le collége
départemental de Paris. Il y siége parmi ses anciens amis de
la gauche, il y attaque avec fermeté les abus, mais en même
temps avec mesure et convenance. Sa droiture et ses talents
ont fixé sur lui les regards du ministère actuel, qui vient de le
nommer conseiller-d'état; mais on a lieu d'être assuré d'a-
vance, que dans ce nouveau poste, il n'abandonnera jamais
la ligne patriotique qu'il s'est tracée.

M. de Laborde est respecté de tous les partis ; on sait que
ses paroles sont toujours l'expression de sentiments qui se
forment dans une âme loyale et pure. Ceux qui, ne le con-
naissant encore que par le bruit de sa renommée, ont eu de-

puis l'occasion de l'aborder et de s'entretenir avec lui, s'en retournent satisfaits, et dans une sorte d'admiration de la noble simplicité et de l'affabilité toujours égale qu'ils rencontrent dans le digne représentant du premier département de la France. On reproche à certains hauts députés de l'opposition constitutionnelle, d'être peu abordables et peu disposés à écouter chez eux les plaintes du malheur, de se dédommager dans leur vie privée des sacrifices et de la gêne qu'en public ils s'imposent pour la cause de la liberté. On pourrait dire d'eux qu'ils jouent à la chambre le rôle de Brutus, et chez eux celui de César. Tel n'est point M. de Laborde. Chez lui l'homme public n'est pas plus populaire que l'homme privé. Partout il se montre toujours lui, toujours d'un caractère honorable, que ne saurait altérer la faveur de la fortune ou l'atteinte du malheur.

M. de Laborde a épousé Mlle de Cabre, fille de l'ancien ministre de France à la cour de Russie, et nièce de l'abbé Sabatier de Cabre, conseiller au parlement, qui émit le premier, en 1788, la proposition de convoquer les états-généraux.

LITTÉRATURE

GERTRUDE,

Roman, par Madame Hortense Allart de Thérase (1).

Gertrude a été élevée avec ses deux cousines, Hedwige et Léonore, chez le père de celles-ci, M. de Prégrange, homme qui parle peu et qui n'en pense pas plus; en sorte que ses filles et sa nièce ont été réduites à se former elles-mêmes le caractère, pour peu qu'elles tinssent à en avoir un : or voici le résultat du développement spontané de ces jeunes plantes. Gertrude a visé aux vertus viriles, à la force d'âme, à l'austérité ; mais dès que ses dix-huit ans arrivent, « elle se sent femme, elle voit s'affaiblir la grandeur de ses jeunes années, et une tristesse profonde répand » à ses yeux « une teinte sombre sur toute la nature, » parce qu'elle croit s'apercevoir que le ciel la destine à ces affections et à ces vertus de femme qu'elle a tant méprisées. » Quoique son cœur soit libre, elle refuse tous les partis qui lui sont offerts, « ne pouvant se laisser attendrir par un de ces êtres médiocres dont le monde abonde. » Mais quoiqu'elle doute de pouvoir trouver « l'être qui saura l'entendre, » elle souhaite d'aimer, dût-elle être malheureuse; « elle demande au ciel de sentir, de souffrir ; elle lui demande des émotions, dussent-elles être déchirantes. »

Hedwige a des idées plus positives; et sans chercher à dé-

---

(1) Quatre vol. in-12. Chez Ambroise Dupont et comp*, libraires, rue Vivienne, n° 16; et chez Warée, libraire, Palais de Justice et cour de la Sainte-Chapelle, n° 13.

(8)

finir ses goûts, ses idées et ses sensations, elle aime du plus profond de son cœur un jeune officier nommé Charles, et cet amour est pour elle une source de fortes résolutions ; car Charles a embrassé dans nos derniers troubles une cause politique qui n'a pas triomphé, et il est sous le coup d'une condamnation capitale. Son malheur le rend plus cher à Hedwige, qui se résigne pour lui à une vie de sacrifices et de douleur.

Quant à Léonore, qui venait d'atteindre sa seizième année, elle était la plus belle des trois cousines, et la seule qui eût des talents, car elle chantait et faisait des vers ; mais les affections de famille remplissaient son âme, et tandis que Gertrude se « méprisait d'être femme, » Léonore se faisait une douce idée des devoirs que son sexe lui imposait ; plus tard, nous la verrons changer d'avis, quant à ses devoirs d'épouse.

Cependant M. de Prégrange, qui veut marier sa nièce, lui propose la main d'un homme *encore jeune*, d'un certain M. Muller, qui a de l'esprit, de l'instruction et de la fortune ; mais Gertrude pense qu'un homme *encore jeune* est trop vieux pour elle. Effectivement celui-là a passé quarante ans, et elle n'en a que dix-huit ; d'ailleurs son visage est flétri par l'âge ou les passions, et Gertrude reçoit ses soins avec une fierté qui le repousse. Alors M. Muller, qui s'aperçoit que Léonore est plus accessible, et qui ne s'effraie pas de ce qu'elle a deux ans de moins, change de batteries, et au bout de quelque temps on célèbre la noce.

M. Muller a un neveu, Alphonse de Selmire, jeune étourdi dont il a maintes fois payé les folies et qu'il a exilé dans une de ses terres ; là Alphonse a eu le bonheur de donner asile au jeune proscrit, amant d'Hedwige, et cela l'a mis en faveur dans l'esprit de celle-ci. Lorsqu'il apprend que son oncle a renoncé à la main de Gertrude et que personne encore n'a pu réussir auprès de cette belle, il se pique d'y parvenir, et rompant son ban, il arrive à Paris où il doit rencontrer Gertrude ; effectivement il la voit au bal, se fait présenter chez la tante

C. G. F.

Abel, François, Villemain

Litterateur & Historien.

Lith. de Montaut, r. du Faub. S. André, N.º 1, à Paris.

M. VILLEMAIN.

(Abel-François, né à Paris le 11 juin 1791.)

On a vu tant de beaux génies de collége se transformer, au moment où ils entraient dans le monde, en désespérantes médiocrités, qu'on peut regarder à coup sûr les succès obtenus sur les bancs comme indifférents à l'avenir d'un homme. Nous allons plus loin, et au besoin nous prouverions à nos lecteurs, en les priant de se rappeler combien, parmi leurs condisciples abonnés aux couronnes, il en est qui soient devenus des hommes distingués, que le maniement prématuré de gloire, semble épuiser la vie par avance et la condamner à tout jamais à une triste stérilité. Toutefois ce n'est pas à l'homme dont nous nous occupons que cette remarque serait applicable. Ayant obtenu dans ses études les succès les plus nombreux et les plus brillants, il a passé du collège dans l'âge mûr, sans retomber en état de médiocrité ; et bien que M. Villemain ne puisse être compté parmi les génies créateurs dont s'enorgueillit notre belle France, cependant, malgré ses succès de collège, on doit le mettre au nombre des hommes les plus distingués de l'époque.

Des triomphes assez grands pour dépasser l'enceinte du collège, et devenir en quelque sorte publics, ne pouvaient manquer d'attirer sur celui qui les obtenait l'attention du chef de l'université d'alors. Presqu'à la sortie des études, M. de Fontanes, qui ne cessa d'être son protecteur que pour devenir son admirateur et son ami, le retint pour la carrière de l'enseignement public, et lui confia la chaire de rhétorique au lycée Charlemagne. Réunissant à un haut degré toutes les aptitudes nécessaires à l'exercice de ces fonctions, il les remplit de manière à devenir le modèle de tous ceux qui s'en chargent après lui ; aussi, malgré sa jeunesse, son protecteur n'hésita-t-il pas bientôt après à l'appeler à la chaire d'éloquence française à la faculté des lettres, qu'il occupe encore aujourd'hui.

Mais les succès du professeur ne lui suffisaient pas ; d'un incroyable dévoûment au travail, il crut pouvoir y ajouter une gloire plus brillante, et dont les titres demeurassent plus durables. En 1812, il obtint à l'Institut le prix de l'*Éloge de Montaigne*, composition singulièrement remarquable, et dans laquelle son avenir littéraire se révèle tout entier. En 1814, il remporta un autre prix sur la *Question des avantages et des inconvénients de la critique.* La séance académique où il lui fut décerné fut remarquable par la présence de l'empereur de Russie et du roi de Prusse qui, par les hasards de la guerre, se trouvant alors à Paris, voulurent assister à une de ces solennités littéraires auxquelles les Français n'avaient rien vu d'équivalent pendant leur séjour assez récent à Berlin et à Moscou. A cette occasion, le jeune lauréat adressa aux illustres hôtes de l'Institut un discours, modèle de la convenance la plus parfaite.

Appelé par le président pour recevoir la médaille méritée, M. Villemain s'élança à la tribune, et au grand étonnement de tout l'auditoire habitué à l'étiquette académique, il prononça avec enthousiasme les paroles suivantes :

« Quand tous les cœurs sont préoccupés par cette auguste présence, j'ai besoin de demander grâce pour la distraction que je vais donner. Quel contraste d'un si faible intérêt littéraire et d'un semblable auditoire ! Les princes du Nord qui vinrent autrefois assister à ces mêmes séances prévoyaient-ils qu'un jour leurs descendants y seraient amenés par la guerre ? Voilà les révolutions des empires. Mais sur les âmes généreuses le pouvoir des arts ne change pas ; devant l'image des arts les monarques armés s'arrêtent, comme les monarques voyageurs. Ils le respectent dans nos monuments, dans le génie de nos écrivains, dans la vaste renommée de nos savants. L'éloquence ou plutôt l'histoire célébrera cette urbanité tutélaire, en même temps qu'elle doit raconter cette guerre sans ambition, cette ligue inviolable et désintéressée, ce royal sacrifice des sentiments les plus chers immolés au repos des nations et à une sorte de patriotisme européen. Le vaillant héritier de Frédéric nous a prouvé que les chances des armes ne font pas tomber du trône un véritable roi ; qu'il se relève toujours noblement soutenu sur les bras de son peuple, et demeure inviolable parce qu'il est aimé. La magnanimité d'Alexandre reproduit à nos yeux une de ces âmes antiques passionnées pour la gloire. Sa puissance et sa jeunesse garantissent la longue paix de l'Europe. Son héroïsme, épuré par toutes les lumières de la civilisation moderne, semble digne d'en perpétuer l'empire, digne de renouveler, d'embellir encore l'image du monarque philosophe, présentée par Marc-Aurèle, et de montrer enfin sur le trône la sagesse armée d'un pouvoir aussi grand que les vœux qu'elle forme pour le bonheur du monde. »

Dire que des applaudissements unanimes suivirent cette improvisation, serait chose inutile ; on est riche en bravos à l'Académie, et les voûtes de l'Institut sont tellement habituées à retentir d'applaudissements, que si par hasard les applaudissements ne succédaient pas immédiatement à la voix de l'orateur, les voûtes retentiraient d'elles-mêmes : mais cette fois ce fut sérieux ; peuples, rois, empereurs, tout battait des mains, criait bravo ! houra ! L'empereur de Russie, enchanté, adressa au jeune triomphateur des paroles de bienveillance et d'encouragement ; Frédéric-Guillaume, moins spirituel, se contenta de montrer les dents d'un air de protection.

Ainsi encouragé, M. Villemain ne pouvait manquer d'ardeur, et son talent, fait pour une académie, remporta bientôt

une nouvelle victoire au sujet de l'éloge de Montesquieu. La
tête chargée de ces couronnes, M. Villemain demeura quelque
temps paisible et comme dégoûté de la gloire. Le monde littéraire se demandait quels motifs avait pu ravir sitôt à l'Académie
un lauréat si brillant et que tant d'espérances accompagnaient,
lorsqu'on apprit que le panégyriste de Montesquieu s'apprêtait à livrer au public une histoire du fameux protecteur. Le
livre parut, et mérita les éloges de tous les hommes éclairés.
Pour en donner une juste idée, nous ne pouvons mieux faire
que de répéter le jugement qu'en a porté, il y a deux ans, un
écrivain non moins habile qu'impartial : « L'auteur, en deve-
nant historien, ne s'était rappelé ses premiers ouvrages que
pour conserver à son style la pureté et l'élégante correction
qui les distinguent ; loin de s'abandonner à ces mouvements
déclamatoires qui pouvaient naître en foule de tant de catas-
trophes, loin de prodiguer ces longues périodes, si chères à
la jeunesse, il décrit les événements les plus tragiques avec
une simplicité qui paraîtrait même trop nue, si l'on ne sen-
tait que l'historien doit être sobre de phrases quand les faits
parlent si éloquemment. Dans cette histoire de Cromwell,
M. Villemain, fidèle imitateur des anciens, se garde bien de
transformer l'histoire en une longue discussion, comme le font
tant d'historiens qui dissertent au lieu de peindre ; ses ré-
flexions sont courtes, pleines de justesse, et découlent tellement
du sujet, que le lecteur est étonné de ne les avoir point faites.
Moins empressé de les multiplier que de s'assurer de leur
exactitude, scrupuleux dans l'admission des faits, habile à les
présenter sous toutes les faces, plus habile encore dans la peinture des caractères, et dans l'art de nous faire connaître tous
les acteurs de ce drame politique, il les juge avec autant d'impartialité que s'il s'agissait des Grecs et des Romains. Il a eu
encore le bonheur, ou pour mieux dire, l'habileté d'éviter un
écueil sur lequel se seraient jetés tant de jeunes auteurs. En
traitant l'histoire de la révolution d'Angleterre, il n'a nulle-

(13)

menté té tenté d'établir de longs rapprochements avec notre
révolution, et de bâtir ces parallèles antithétiques, où l'art
du rhéteur brille aux dépens de l'exactitude. M. Villemain a
fort bien senti que le caractère des deux nations était trop
différent, et que si quelques faits semblaient se reproduire aux
deux époques avec une apparente similitude, les causes qui les
ont produits, les hommes qui ont dirigé les mouvements ou
qui en ont profité, les mœurs des deux peuples, les circonstances, les résultats même y sont trop dissemblables, pour
que les leçons, fournies par l'une des deux histoires, soient
justement applicables à l'autre, et qu'enfin, jamais deux
choses plus ressemblantes au premier aspect, n'ont offert plus
de différences et plus d'oppositions. »

A la suite de *Cromwell*, parut une traduction assez pâle de
la *République de Cicéron*. Malgré toutes les trompettes de la
Renommée mises à la disposition du libraire-éditeur, les ma-
nuscrits de M. Angelo Maïo n'eurent qu'un médiocre succès.
Je me rappelle même qu'à l'époque où ils parurent, quelques
savants de l'ancien temps eurent l'impertinence de découvrir
de beaux contresens dans la traduction du disciple de MM.
Castel et Luce de Lancival.

Pendant ce temps, M. Villemain fut choisi par le ministre
Decazes pour lui servir de secrétaire particulier. Le mépris et
la haine dont les partis couvrirent le ministère de la bascule,
éclaboussèrent un peu le secrétaire particulier ; le journaliste
Martainville traduisit le nom de M. Villemain par le calem-
bourg latin *vilis manus*, et tous les journaux, trouvant le mot
assez bon, le répétèrent. Pour consoler l'auteur de *Cromwell*,
on le nomma directeur de la librairie, place fort lucrative dont
M. Villemain se démit toutefois pour accepter celle de maître
des requêtes au conseil-d'état. En 1825 parut un nouvel ouvrage de M. Villemain, *Lascaris*, sujet heureux, puisque la
scène se passe en Grèce, mais dans lequel le public n'a pas
trouvé ce qu'il avait attendu, tant de la réputation de l'auteur.

que des souvenirs inspirateurs de Byzance et d'Athènes. Quelques temps après, l'auteur de *Lascaris* publia deux volumes de *Mélanges*, dans lesquels il rassembla les discours et les éloges couronnés à l'Académie française, et la plupart des leçons de littérature qui faisaient partie du cours de la faculté.

Le collège de France est en effet le lieu où M. Villemain réunit ses nombreux élèves, jeunes enthousiastes de sa facilité oratoire. Nous dirons un mot de ce talent ; quant à présent, nous ne parlons de ces leçons qu'afin d'avertir nos lecteurs du soin que le professeur a pris de les livrer à l'impression. Dans un de ces recueils où l'on trouve le discours intitulé : *Discours d'ouverture de l'année* 1824, nous lisons avec plaisir la défense de M. Cousin, persécuté par la Prusse et défendu par le Roi de France. M. Villemain, apprenant que son ami venait d'être enlevé par la tyrannie d'un prince voisin et languissait dans les cachots, accusé de carbonarisme, prit la plume en sa faveur et réclama pour lui la protection qui l'avait accueilli naguère au sein de l'Institut. C'est à ce généreux dévoûment que l'on doit la page suivante : « L'intérêt s'accroît encore, si l'on songe que M. Cousin, enlevé subitement sur un territoire étranger par une autre puissance étrangère, pendant qu'il voyageait sous la protection de la France, est exposé au retour d'un mal qui souvent a fait craindre pour ses jours. Il laisse en France des amis honorables et nombreux, une mère âgée, qui n'a d'autre fortune que ses fils ; il laisse des travaux interrompus, qu'il devait bientôt reprendre ; cette belle traduction de Platon, monument de ses nobles études et de ses précieuses philosophiques. Que si, comme on le suppose, sa détention se prolonge par un refus de répondre en sa qualité de sujet français, cette conduite ne peut lui faire tort auprès des cœurs généreux. On voit que loin de la France, sous la garde d'un gendarme étranger, il a le sentiment de cette dignité que le nom seul de nos rois et la pensée de leur protection doit inspirer à tout Français. Tous les hommes éclairés, tous les amis du trône espèrent qu'une intervention, provoquée par une auguste influence et noblement exercée, ne peut rester inutile pour la liberté de notre célèbre compatriote. Le prince qui vainquit l'Espagne par la modération comme par les armes, le plus fidèle sujet et le plus noble confident du Roi de France, est une puissante protection pour le malheur et pour le talent ; l'intérêt public, exprimé de toute part, est une éloquente plaidoirie pour l'innocence. Ce n'est pas une opinion qui réclame M. Cousin, c'est l'honneur du trône, c'est la conscience publique.

» Le roi de Prusse entendra ce langage, il ne s'étonnera pas de le retrouver dans la bouche des hommes les plus amis de l'ordre ; S. M. se souviendra peut-être d'un jeune homme qu'en 1814, dans une solennité littéraire, elle accueillit avec la plus bienveillante faveur, et qu'elle daigna présenter elle-même aux princes ses fils ; elle se souviendra peut-être d'une voix qui, faisant allusion aux récentes adversités qu'avait éprouvées la maison de Brandebourg, fit entendre des paroles ratifiées par d'unanimes suffrages. « Le vaillant héritier de Frédéric a montré que les chances de la guerre ne font pas tomber du trône un véritable roi ; qu'il se relève toujours noblement soutenu sur les bras de son peuple, et demeure invincible, parce qu'il est aimé. » C'est la même voix qui s'élève aujourd'hui pour M. Cousin. »

On voit qu'il y a de la générosité dans l'âme de M. Villemain, et que la noble passion de l'amitié peut animer son cœur ; mais ce qui doit surtout donner une preuve de l'élévation de ce caractère, c'est la conduite qu'a tenue l'académicien lors de la présentation aux chambres du projet Peyronnet. M. Villemain avait été admis dans le corps académique en l'année 1822, M. Roger occupant le fauteuil. Quelles concessions avaient été faites ? à quelles conditions la porte s'était ouverte ? c'est ce que disaient de mauvaises langues, et que nous, bonnes gens, nous passerons sous silence. Peut-être M. Villemain devait-il voter contre la démocratie et le talent ; peut-être avait-il

(16)

promis de ne se livrer à aucun excès de franchise et de générosité; on l'a dit, je n'en sais rien; ce que je sais très-bien, c'est qu'à l'époque où l'Académie adressa au Roi une supplique tendant à ce que l'odieux projet de loi contre la presse fût retiré, M. Villemain, qui n'ignorait pas ce dont M. Corbière était capable, vota pour la liberté et contre sa place de maître des requêtes; elle lui fut lâchement enlevée. M. de Martignac nous a dit depuis, à la tribune, que le gouvernement avait offert à M. Villemain la justice qui lui était due, et que ce jeune écrivain avait préféré l'honneur et l'indépendance à des broderies et de la servitude. Nous félicitons le gouvernement et M. Villemain.

Quant au talent de M. Villemain, si franchement admiré par les étudiants, nous devons dire que nous ne le croyons pas autre chose que celui d'un habile rhéteur, mais d'un rhéteur du 19e siècle. Une grande facilité pour l'arrangement d'expressions larges et sonores, pour l'encadrement de périodes harmonieusement cadencées, de l'imagination, de la chaleur, beaucoup d'esprit : voilà pour moi M. Villemain. Est-ce un homme de génie? Non certainement. Il ne restera rien de lui; car M. Villemain est moins au-dessus de son siècle que Laharpe n'était au-dessus du sien; et je le demande, que nous reste-t-il de Laharpe? Son *Cours de Littérature?* Il eût été plus court de dire... rien.

M. AUGER.

M. AUGER est un homme d'esprit. A l'entendre dans un salon, on pourrait croire injustes et calomnieuses toutes les cri-
tiques de nos petits journaux, de nos grandes et petites bio-
graphies. On a souvent rapporté une anecdote, vraie ou fausse,
qui, dans la première hypothèse, confirmerait parfaitement
le jugement par lequel nous avons commencé cette notice. Un
seigneur russe avait, dit-on, rencontré M. Auger dans les salons du ministre; l'académicien parle, cite, raconte, tranche
les questions, éblouit le moscovite. L'admiration d'un côté,
de l'autre l'amour-propre établissent entre son Excellence et
son Immortalité une harmonie parfaite : M. Auger demande
la permission d'offrir ses œuvres; l'offre est acceptée, et le
lendemain le seigneur russe avait reçu les comédies de Molière
annotées par M. Auger. La note et la notice ont chacune leur
mérite, mais aujourd'hui nous avons le malheur d'en faire peu
de cas : c'est une méthode tout-à-fait classique. Néanmoins le
Russe ne craignit pas de lire et les comédies et les notes :
après cela il écrivit à l'académicien pour le remercier de l'excellent ouvrage qu'il lui avait envoyé. Voici à peu près le sens
de cette lettre : Monsieur Molière, je vous remercie de vos
œuvres, elles sont admirables; mais pourquoi donc avez-vous
permis à un certain Auger d'expliquer avec ses notes des passages clairs comme le jour, et de relever des beautés que tout
le monde apercevrait bien sans lui ?

Ce seigneur russe est probablement quelque candidat repoussé de l'académie par son romantisme et par l'horreur de

4

M. Auger pour la littérature réformée. La plaisanterie est assez
bonne, et vaut bien quelques douzaines de jetons ; mais, quoi
qu'il en soit, je répète qu'elle confirme ce que j'ai dit du char-
latanisme spirituel de M. Auger : on le prendrait pour un
grand homme à l'entendre parler.

Quels titres appelèrent à l'académie le commentateur de
Molière : je l'ignore. L'académie doit être composée des quarante littérateurs les plus distingués de France ; c'est du moins
l'opinion générale sur la nature de ce corps si souvent et si
plaisamment ridiculisé. Recherchons dans la vie de M. Auger
par quels succès il s'est élevé au-dessus de tous ses compa-
triotes : voyons si MM. Béranger, Victor Hugo, de La Martine
et Charles Nodier doivent s'applaudir de ce qu'on a pu trouver
quarante citoyens meilleurs qu'eux.

Avant de s'aviser qu'il dût être un homme de lettres, et,
qui mieux est, un académicien, M. Auger, comme le vulgaire
des hommes, avait pensé à se faire ce qu'on appelle un état :
en 1793 il débuta dans l'administration des vivres et four-
rages, de là passa dans les bureaux du ministère de l'intérieur,
où, jusqu'en 1812, sa vocation littéraire demeura ensevelie.
A cette époque il commença à en être dominé au point de ne
pouvoir plus la concilier avec ses occupations bureaucratiques;
il jeta la plume avec laquelle jusque là il avait expédié ou
composé des rapports et des circulaires, et commença à tailler
celle qui devait un jour commenter Molière, prendre en monopole la notice, et devenir celle du secrétaire perpétuel de
l'académie. Peu de temps après la seconde restauration, il fut
trouvé assez homme de lettres pour obtenir une place de cen-
seur royal, en 1816. Ses titres étant au complet, il reçut une
pension du Roi, et s'assit à l'académie.

Or ses titres étaient alors quelques vaudevilles traités assez
brutalement par le public, lors de leur naissance, pour ne
s'en être jamais remis; quelques comédies d'un genre peu relevé,
et dont le succès, pour ne pas dire mieux, avait été tout né-

gatif; plus sa collaboration à quelques journaux, où il s'était
constamment montré ardent défenseur des doctrines académiques. Mais une fois au fauteuil, il s'arrangea avec Molière,
qui n'avait pu y parvenir, pour faire avec lui une espèce de
société de gloire : il prit ses œuvres, expliqua en longs et savants commentaires ce en quoi elles étaient admirables,
et, par ce service rendu à l'auteur du *Tartuffe*, et à nous qui
ne l'avions pas compris jusqu'à présent, malgré ce qu'en put
dire le seigneur russe, acheva de mériter la faveur dont on
l'accusait d'avoir été prématurément gratifié. Continuant de
poursuivre la gloire dans le même cercle, il ne s'arrêta plus
dans la carrière de l'annotation ; ses notices s'exercèrent sur
toutes les gloires passées, présentes : au besoin, il en eût de-
viné dans l'avenir pour nous les notifier. Il fut un des fonda-
teurs, et pendant long-temps l'une des colonnes de la société
des Bonnes Lettres, où ses notices jouées n'eurent pas moins
de succès qu'imprimées. Mais depuis long-temps résignant
entre les mains de son ami, M. Roger, la part d'influence qu'il
y exerçait, c'est à l'académie qu'il a placé son centre d'action.
Du haut de son fauteuil, il ne manque pas une occasion de
laisser tomber son foudre sur les doctrines déplorables qui,
selon lui, révolutionnent la littérature. Ses opinions politiques
ne sont pas plus empressées pour l'indépendance que ses doctrines littéraires : lors de l'adresse que l'académie essaya de
présenter au Roi sur la loi de la presse, il s'opposa de toute
sa puissance à cette mesure qui, selon lui, n'était propre qu'à
déconsidérer la compagnie. Bien lui en prit; car M. Menne-
chet, son gendre, est lecteur du Roi, et l'on sait alors comment M. Michaud fut dépossédé des mêmes fonctions.

Voilà la note à peu près exacte des ouvrages auxquels M.
Auger, par la force de ses notes et commentaires, a attaché son
nom : *Souvenirs de Mme de Caylus ; Œuvres de Malfilâtre ;
Direction pour la conscience d'un Roi par Fénélon ; Oraisons
funèbres de l'abbé de Boismont ; Œuvres complètes de MM^{mes} de*

Lafayette et Tencin; Lettres de MM.ᵐᵉˢ de Villars, de Lafayette, de Tencin, de Mlle Aissé; Œuvres complètes de Duclos, de Campistron, de Lafontaine, avec une vie de l'auteur; le Lycée de La Harpe et le grand Monument sur Molière.

Dans ce moment se prépare une édition de ses *Œuvres per-sonnelles*, composée de la collection de ses *Notices*, de plusieurs discours couronnés par l'académie, tels que l'*Éloge de Boileau* et de *Corneille;* de ceux qu'il a prononcés en couronnant les autres ou en recevant de nouveaux collégues. Fatigué de voir ses œuvres ainsi disséminées et mêlées à autrui, M. Auger a voulu compter avec lui-même, se réaliser en quelque sorte et se placer en masse; nous verrons à quel taux le public le prendra.

Pour terminer cette notice par quelques détails personnels sur M. l'académicien Auger, nous dirons qu'il est ami de M. Roger, dans les salons duquel on le rencontre souvent. Toutefois ce n'est point l'identité de caractère qui réunit ces deux personnages. Affable, obligeant, affectueux, d'une gaîté douce, spirituelle et remplie de bonté, M. Roger est dans la vie privée le caractère le plus aimable; l'esprit de M. Auger n'a pas la même tournure : sec, mordant, froid, il relève avec dureté un mot échappé à l'embarras d'un jeune homme. L'esprit de l'un le fait aimer, l'esprit de l'autre pourrait le faire craindre.

Je mets fin à ce parallèle en donnant le signalement de M. Auger : sur un petit corps il porte avec assez d'aisance une tête dessinée régulièrement. Des yeux vifs un peu enfoncés, des lèvres fines et pincées, un menton saillant, donnent à cette figure une expression fort en rapport avec le tableau que nous avons tracé de son esprit.

M. O'CONNEL.

Je traversais l'Irlande, me rendant dans le comté de Clare, où mon père acheta quelques terres à l'époque de l'émigration. Arrivé à Dublin, je remarque une grande agitation ; le même nom sort de toutes les bouches, un air de fierté semble ranimer ces visages irlandais, depuis long-temps attristés par la misère et la tyrannie ; de tous côtés j'entends dire : le temps est venu ! l'émancipation ! la mort aux orangistes ! Une femme s'approche de moi, et me dit, en m'offrant un joli mouchoir imprimé : Mylord five pence (Milord dix sous), je prends ce mouchoir sur lequel est un portrait. Au-dessous on lit ces deux mots : Daniel O'Connel. Voyant que tout le monde tient à la main un semblable mouchoir, je l'achète aussi, et rencontrant à quelques distances de là un avocat dont je suis connu : Quel est donc, lui dis-je, ce Daniel O'Connel dont l'image et le nom sont devenus si populaires ? C'est, me répondit-il, un homme de notre profession, le fameux avocat O'Connel, qui vient de se présenter comme candidat aux élections de Clare, pour remplacer M. Fitz Gérald. Catholiques, nous voulons au parlement un catholique pour représenter nos intérêts, nous ne pouvions jeter les yeux sur un homme plus capable et plus zélé. Vous le savez, notre misère doit être attribuée en partie aux persécutions de la faction orangiste, c'est-à-dire de la faction qui, depuis l'avénement de Guillaume III, prince d'Orange, s'oppose à l'émancipation des catholiques. Mais qu'on y prenne garde, l'explosion n'est pas éloignée, nous venons de nous choisir un chef, un chef dont les talents s'augmentent

à nos yeux de toute l'illustration de la naissance, car M. O'Connel est issu d'aïeux dont plusieurs ont régné sur la partie de
l'Irlande qui s'appelait le royaume d'Irera, et qui n'est aujourd'hui que le comté de Kerry. Le chef de cette auguste race
est maintenant un octogénaire, oncle de Daniel O'Connel, et
propriétaire de 120 mille livres de rente. Son neveu est un
homme d'un caractère entreprenant, depuis long-temps chef
de l'association catholique; de cette association qui naguère
en soutenant le courage des Freeholders contre les menaces de
leurs maîtres, a renversé les prétentions de la puissante famille des Beresfords. On a pensé que des contrées où la masse
de la population est exposée à toutes les exigences de la misère, pouvaient demeurer long-temps en paix sous la crainte
des baïonnettes; c'est une espérance chimérique : la famine et
la résignation ne peuvent se concilier, et aucun peuple n'est
plus désireux de révolution que celui où les neuf dixièmes ont
tout à gagner et rien à perdre au changement des institutions
existantes. Cependant jusqu'alors les catholiques d'Irlande
avaient voté pour M. Vesey Fitz Gérald, protestant, un des pro-
priétaires les plus riches du pays, et qui jusqu'alors avait voté
pour la cause de l'émancipation. Mais ce député vient naguère
d'entrer dans le cabinet à la tête duquel est placé le duc de
Wellington. Nous savons que ce ministère est opposé à la cause
de la liberté, et par conséquent à la cause de l'émancipation
des catholiques; car nos dévots protestants ne sont pas moins
intolérants que vos dévots papistes en France, et dans l'un et
l'autre pays, les amis de la liberté sont les véritables défen-
seurs de la religion. Ainsi donc, l'ami du duc de Wellington ne
doit plus être chargé de nos intérêts. C'est O'Connel qu'il faut
aux Irlandais; toute sa vie leur répond de lui. Sorti d'une famille connue pour son attachement à la religion romaine, il a
été élevé dans ces principes et destiné dans sa jeunesse aux ordres
sacrés; il a fait de la théologie une étude profonde. Le séminaire de Saint-Omer fut l'école où sa famille l'envoya. Bien-

tôt rejeté dans sa patrie par l'orage révolutionnaire, il se des-
tina en 1794 à la profession d'avocat, profession toute nouvelle pour les Irlandais jusqu'alors éloignés de cette carrière
par le despotisme anglais. Reçu au barreau de Dublin, il ne
tarda pas à se faire remarquer par la vigueur de sa logique et
la facilité de son expression. Sans cesse occupé des intérêts de
ses coreligionnaires, il n'a pas cessé depuis ce moment de les
défendre avec l'enthousiasme qui anime toutes ses entreprises.
Son immense fortune s'augmente chaque jour des honoraires
brillants dont les riches Irlandais récompensent ses travaux et
ses succès. Après un plaidoyer, on n'offre jamais à M. O'Connel moins de vingt livres sterling : mais les pauvres trouvent
en lui un défenseur gratuit toutes les fois qu'ils ont besoin de
ses talents. Plusieurs fois je l'ai entendu aux assises des comtés
voisins. Parmi les ruses nombreuses de son éloquence, j'ai remarqué un moyen qui m'a paru lui être plus familier que tout autre:
il commence par abonder dans le sens des juges, il démontre
lui-même les différentes preuves qui ressortent des circonstances
accusatrices de son client; mais tout ce réquisitoire, qui paraît
au premier abord un édifice solide, est adroitement posé sur
quelque raisonnement spécieux, que l'habile avocat va bientôt
renverser et qui entraînera dans sa chute celle de toute l'accusation.

Il y a quelques années, M. O'Connel fut insulté par un
membre de la corporation de Dublin, qui s'était vanté de punir
par des coups de cravache l'arrogance de ce catholique. L'ayant
rencontré, il lui proposa un cartel qui fut accepté. D'Esterre
(c'était le nom de l'adversaire) tire le premier ; la balle siffle
aux oreilles d'O'Connel : celui-ci tire à son tour et renverse
mort son imprudent agresseur. Ce duel, quoique réprouvé
par les gens sages, augmenta la réputation de bravoure et
d'adresse d'O'Connel et par conséquent sa popularité. Le caractère ardent de cet illustre avocat lui attira depuis une seconde proposition de duel de la part de M. Peel, alors secré-

taire-général d'Irlande. L'affaire ayant transpiré, M. Peel passa en France, où M. O'Connel devait le suivre ; mais ce dernier fut arrêté à Douvres par les ordres du roi. Avant de lui rendre la liberté, on exigea de lui une caution et le serment qu'il ne se battrait pas.

Depuis long-temps l'Irlande obéissait à O'Connel, bien qu'elle n'eût point encore songé à l'envoyer au parlement. C'est un catholique, disions-nous, et ce qui empêche les catholiques de siéger au parlement, c'est le serment que l'on exige de chaque membre lorsqu'il prend séance. Depuis on a pensé autrement : on a dit : Il faut élire O'Connel, il faut qu'il aille à Londres et se présente à la chambre. Si on lui en refuse l'entrée, il résistera, et nous verrons. Aussitôt tout le clergé s'est mis en mouvement; on a déclaré traîtres à la patrie et à la religion ceux qui voteraient contre O'Connel. Le ciel nous protége. Un Irlandais, fermier de M. Fitz Gérald, a osé voter pour son propriétaire, la mort l'a frappé subitement en rentrant chez lui.

J'interrompis là narration de la personne que j'avais interrogée : Qu'est-ce, lui dis-je, que ces clameurs qui se font entendre, cette multitude qui se précipite, ces chevaux nombreux? C'est lui-même, s'écria mon compagnon, c'est O'Connel, et à l'instant même il courut se joindre à la foule, qui poussait des cris de joie. Je m'arrêtai sur le seuil d'une maison, afin de jouir moi-même de la vûe de ce triomphe. M. O'Connel, habillé de vert et dans une calèche verte, semblait un roi chéri au milieu de ses sujets; toute la jeunesse du pays à cheval entourait sa voiture, des prêtres placés près de lui haranguaient le peuple, mêlant dans leurs discours les mots de religion et de liberté. L'enivrement était général. La personne du triomphateur arrêta mes regards : sa large poitrine annonce la force; de petits yeux perçants, un front large, une bouche spirituelle, un nez un peu fort : telle est la figure du roi des Irlandais.

MARIE-LOUISE.

L'archiduchesse d'Autriche MARIE-LOUISE naquit à Vienne, le 12 décembre 1791, de l'empereur François II et de Marie-Thérèse de Naples. Sa jeunesse n'eut rien de remarquable : élevée à la cour d'Autriche, elle y reçut l'éducation que l'on donne aux princesses destinées à conclure par leur alliance quelque grand arrangement politique. L'étude des langues constitue la plus grande partie de cette éducation; aussi, lors-que la jeune archiduchesse arriva en France, elle avait de notre langue une assez grande habitude.

Dans l'espoir d'obtenir quelques-unes de ses anciennes pos-sessions en Pologne, en Allemagne, en Italie et en Illyrie, ne sachant comment garantir ses frontières, l'empereur d'Au-triche essaya de sauver ce qui restait de sa puissance en don-nant la main de sa fille au soldat vainqueur devant lequel il tremblait. La bataille de Wagram décida cette alliance. On ne sait quel était le plus abaissé ou le plus fier, de François II li-vrant à Bonaparte la fille des Césars, ou de Bonaparte en-trant comme en triomphe dans la famille des rois. A cette époque Napoléon venait de répudier sa femme à laquelle son cœur était attaché, mais qui ne pouvait lui donner de progéni-ture. Il sembla que le ciel voulût punir la violation des lois sacrées du mariage; car, du moment où l'empereur eût aban-donné Joséphine, pour s'allier à l'archiduchesse d'Autriche, sa fortune, jusque-là toujours ascendante, ne fit plus que se précipiter de malheur en malheur. D'ailleurs le scandale du divorce fit perdre à Napoléon le respect qu'inspiraient ses grandes actions, et l'opinion n'accueillit aucun des prétextes donnés pour justifier cette alliance. On ne pouvait admettre que ce mariage fût le garant d'une paix éternelle avec un gouvernement tel que celui de l'Autriche ; il ne rappelait au contraire que de pénibles souvenirs ; car cette jeune Marie-Louise était la nièce de Marie-Antoinette.

Les conventions de mariage furent signées le 7 février 1810. Napoléon envoya, au mois de mars suivant, un service d'honneur à Braunau, petite ville frontière de l'Autriche et de la Bavière, pour y recevoir l'auguste fiancée. Il n'y avait dans ce pays aucune maison convenable pour établir le palais qui devait réunir les cours de France et d'Autriche : on fut obligé de louer plusieurs maisons attenant l'une à l'autre, et de faire percer les murailles pour faciliter les communications à une petite lieue de Braunau. Sur l'extrême limite des deux frontières on construisit une maison en bois divisée en trois salons, un du côté de l'Autriche, un autre du côté de la France, et celui du milieu plus grand que les deux autres. Ce dernier salon fut déclaré neutre et devait servir pour la cérémonie de la remise. Du côté de la France on entrait dans le salon neutre par une porte à deux battants ; du côté de l'Autriche il avait été élevé un dais magnifique, sous lequel était un fauteuil de drap d'or. Ce trône faisait face à la porte d'entrée de France : deux portes latérales étaient disposées de ce même côté, sur la droite du trône était une table ronde placée dans la ligne centrale, couverte d'un riche tapis, et sur laquelle devaient se faire les signatures des procès-verbaux de remise.

Le 16 mars, le cortège de l'archiduchesse arriva à Altheim, petite ville située à la distance de deux milles du lieu où les envoyés français devaient la recevoir. Le cortège était composé de la reine de Naples ; de Mme la duchesse de Montebello, dame d'honneur ; de la comtesse de Lucay, dame d'atours de la duchesse de Bassano ; des comtesses de Montmorency, de

Mortemart et de Bouillé ; de Mgr l'évêque de Metz, chevalier d'honneur ; du prince Aldobrandini Borghèse, premier écuyer des comtes d'Ambusson, de Bearn, d'Angosse et de Barral, chambellan de M. de Bausset, préfet du palais ; du comte Philippe de Ségur, maréchal-des-logis du palais ; des barons de Saluces et d'Andenardes, écuyers du comte de Seyssel, maître des cérémonies.

Bientôt arriva Marie-Louise, précédée par le maître des cérémonies d'Autriche ; elle se plaça sur son trône, et tous les personnages de sa cour se placèrent à droite et à gauche, selon leur rang. Alors le baron Lorh vint frapper à la porte du salon français ; le prince de Neufchatel entra le premier avec le comte Alexandre de la Borde, l'un en qualité de commissaire plénipotentiaire pour la réception, l'autre comme secrétaire.

Marie-Louise était debout sur son trône ; elle n'avait alors que 18 ans et demi : une taille majestueuse, un visage rempli de noblesse, beaucoup de fraîcheur et d'éclat, des cheveux blonds qui n'avaient rien de fade, des yeux bleus, mais animés, une main et un pied qui auraient pu servir de modèle, un peu trop d'embonpoint que toutefois elle ne conserva pas long-temps en France : telle elle parut aux regards de ses nouveaux sujets. Les formalités d'usage étaient remplies, le prince Tranttmansdorft demanda à sa majesté la permission de lui baiser la main en prenant congé d'elle ; cette faveur lui fut accordée, tout le cortège autrichien s'approcha du trône, s'inclina respectueusement, et chaque personne baisa la main de la princesse chérie dont elle allait se séparer. Tous les serviteurs, même du rang le plus inférieur, furent admis à porter à ses pieds l'hommage de leur respect, de leurs regrets et de leurs vœux pour son bonheur. Les yeux de la princesse étaient mouillés de larmes.

Arrivée à Braunau, l'impératrice quitta tous ses vêtements étrangers ; et fut complètement habillée d'objets français de-

puis les pieds jusqu'à la tête, conformément à l'étiquette con-
venue : elle dîna ensuite avec la reine de Naples et Mme de
Lazanski ; le lendemain elle partit pour Munich, où elle trouva
le baron de St-Aignan, chargé de lui remettre une lettre de
Napoléon. Cette lettre vint mêler quelque douleur aux fêtes
brillantes dont sa présence était l'objet : elle lui imposa l'obligation de se séparer de la comtesse de Lazanski, qu'elle aimait
tendrement, et qui avait été sa dernière gouvernante. Arrivée
à Strasbourg, elle y trouva le premier page de l'empereur,
qui lui apportait une lettre, des fleurs les plus rares et des
faisans de la chasse de l'empereur. Elle y reposa deux jours, et
laissa tout le monde dans l'enchantement de sa douceur et de
sa bonté. Le cortège arriva à Courcelle à minuit : Napoléon
s'était échappé furtivement du palais de Compiégne, enveloppé
dans sa redingotte grise, et accompagné seulement du roi de
Naples ; il sortit du parc par une petite porte, monta dans
une calèche sans armoirie et conduite par des gens sans livrée.
Etant arrivé au moment où les courriers de l'impératrice faisaient disposer le relais qui devait mener sa voiture, il fit
ranger sa calèche et, pour se garantir de la pluie qui tombait,
il s'abrita sous le porche de l'église située à moitié d'une petite côte hors du village (1). Il se tenait à l'écart avec le roi de
Naples ; lorsque la voiture de l'impératrice fut arrivée, et pendant qu'on changeait les chevaux, il se précipita vers la por-
tière, l'ouvrit lui-même : l'écuyer de service qui l'avait reconnu, et qui n'était pas dans le secret de l'incognito, s'empressa de baisser les marchepieds et d'annoncer l'empereur.
Il se jeta au cou de l'impératrice qui n'était nullement prépa-
rée à cette brusque et galante entrevue, et ordonna sur-le-
champs d'aller en toute hâte vers Compiégne, où il arriva à
dix heures du soir.

---

(1) Nous signalons ce tableau à nos jeunes artistes.

M. de Bausset, auquel nous avons emprunté ces détails, s'exprime ainsi dans ses *Mémoires :* « Le programme de l'entrevue qui devait avoir lieu le lendemain n'eut aucune exécution. Il était dit que, lorsque l'empereur se séparerait le soir de l'impératrice, il irait coucher à l'hôtel de la Chancellerie. A juger par l'impatience de Napoléon et par le déjeûner qu'il fit servir le lendemain à midi, près du lit de l'impératrice par ses femmes, il est probable qu'il ne fut pas coucher le lendemain à l'hôtel de la Chancellerie. Les fêtes les plus somptueuses accompagnèrent ce brillant hyménée.

Le 27 avril, Napoléon et Marie-Louise partirent pour visiter quelques départements du nord. Au milieu des hommages dont les provinces accablèrent leur nouvelle souveraine ; on remarqua l'arc de triomphe d'un petit hameau. Sur l'entablement de face on lisait écrit : *Pater noster,* et sur le revers : *Ave, Maria gratiâ plena.* Le 1er juin, Marie-Louise était de retour à Saint-Cloud ; quelques jours après, le prince de Schwartzemberg donna une fête qui fut terminée par une horrible catastrophe ; le feu prit à la salle du bal ; la foule qui se pressait, et qui l'étouffait elle-même par ses propres efforts, rendait la sortie plus difficile ; le parquet de la salle ne put résister, il s'entrouvrit, et des victimes sans nombre y furent écrasées et dévorées par le feu qui les enveloppait de toutes parts. Heureusement l'impératrice, qui assistait à cette fête donnée pour elle, avait pu, dès le commencement, s'échapper par une porte ménagée derrière l'estrade qu'elle occupait.

Quelques mois après ce funeste événement, le sénat reçut une communication officielle de la grossesse de l'impératrice : dès les premiers jours de février, l'impératrice commença à se promener tous les jours sur la terrasse du jardin des Tuileries qui longe la rivière. Pour rendre plus facile l'approche de cette terrasse, il fut ouvert, au rez-de-chaussée et en face de cette allée, une petite porte avec une grille en fer ; tout le monde s'empressait sur son passage.

Le 19 mars, les douleurs de l'enfantement se firent sentir, et le lendemain cent un coups de canon apprirent à la capitale et à toute la France qu'un prince venait de naître. Le titre pompeux de roi de Rome fut exhumé pour cet enfant dont on salua le berceau par les plus viles adulations : tous les prélats de l'empire, et particulièrement MM. Maury et de Boulogne rivalisèrent de bassesse avec le sénat. M. de Chateaubriand, Bougnot, Fontanes déclarèrent en termes plus ou moins solennels que le berceau du nouveau né contenait les destinées du monde.

Après la rupture de Napoléon avec la Russie, l'impératrice Marie-Louise accompagna son époux à Dresde, où se réunirent l'empereur et l'impératrice d'Autriche, le roi de Prusse et plusieurs souverains subalternes de l'Allemagne. Mais les désastres de Moscou, Leipsick, tous les malheurs de 1814 ont réduit la France aux abois. Napoléon quitte Paris en promettant d'accélérer son triomphe et son retour ; la régence est conférée à l'impératrice. Malgré les prodiges de valeur et l'habileté de nos généraux, la France est entamée de toutes parts et l'Europe entière est liguée contre elle. Cependant la diplomatie Autrichienne flotte encore entre le désir d'humilier Napoléon et la crainte de renverser la fortune de Marie-Louise. L'or des Anglais agit d'autre part sur la corruption, et le conseil de régence siégeant auprès de l'impératrice est hors d'état de renverser les intrigues du cabinet britannique. Aussi les armées de la coalition touchent-elles bientôt aux portes de Paris.

A la première annonce du danger, Cambacérès, chef du conseil de régence, exhibe un ordre de Napoléon, qui lui prescrit de pourvoir à la sûreté de l'impératrice et du roi de Rome. La régente abandonne Paris, et se retire sur les bords de la Loire, emportant le trésor et traînant après elle les ministres et toute la partie matérielle de la haute administration de l'état. Tandis que Marie-Louise est à Blois, Napoléon, hors d'état de se dissimuler plus long-temps que sa puissance et sa gloire vont recevoir la plus sérieuse atteinte, a recours à des tentatives de négociations auprès de l'empereur d'Autriche son beau-père, alors à Dijon. Mais l'empereur de Russie est sous les murs de Paris, la retraite de Marie-Louise a porté le découragement dans la garde nationale, l'Autriche prête à entrer dans la capitale des Français, repousse les propositions de Bonaparte. Bientôt les deux empereurs et le roi de Prusse occupent Paris. La foule qui avait accompagné l'impératrice à son départ de Paris, était singulièrement éclaircie. La princesse se rendit à Orléans, où chaque nouveau courrier diminuait le nombre des courtisans. Enfin arriva le comte Schouvaloft, bientôt suivi du maître des requêtes, Dudon, envoyé par le gouvernement provisoire pour reprendre les diamants de la couronne.

L'impératrice quitta Orléans à sept heures du soir, toujours sous la protection du comte Schouvaloft. La garde impériale, morne et silencieuse, escortait les voitures de S. M., et se flattait encore de faire auprès d'elle son service à Rambouillet; mais au relais d'Angerville, cette noble élite fut remplacée par des Cosaques qui brandissaient leurs piques autour de son cortège, comme s'il eût fait partie d'un convoi de prisonniers.

L'empereur d'Autriche écrivit à l'impératrice qu'il viendrait incessamment la voir, et déjeuner avec elle... Ce prince en effet arriva dans une calèche découverte toute simple, avec son ministre le prince de Metternich, sans autre suite. Avertie de son approche, l'impératrice suivie de son fils, des dames qui ne l'avaient point quittée, et des autres officiers de sa maison, descendit jusque aux dernières marches de la porte du palais. La calèche de l'empereur d'Autriche s'y arrêta, ce prince s'empressa de descendre, et lorsqu'il fut arrivé près d'elle, cette princesse prit son fils des mains de madame la comtesse de Montesquiou, et le plaça vivement dans les bras de son grand-père, avant d'avoir reçu elle-même ses premiers embrassements. Ce mouvement, qui partait du cœur d'une mère, produisit une émotion visible dans les traits de l'empereur François. Peut-être éprouva-t-il en ce moment quelque regret d'avoir écouté de vieux ressentiments, et d'avoir trop bien secondé la haine de l'Angleterre. Quoiqu'il en soit, ce jour fixa la destinée de l'impératrice et de son fils. Il fut décidé qu'elle se rendrait en Autriche, avant d'aller prendre possession de ses duchés d'Italie.

Avant de la quitter, l'empereur son père lui annonça la prochaine visite de l'empereur Alexandre.

Au jour indiqué, l'empereur Alexandre vint demander à déjeuner à l'impératrice. Il fut d'une telle amabilité, d'une telle aisance, qu'on aurait pu croire qu'il ne s'était passé aucun événement sérieux à Paris. Après le déjeuner, le czar demanda à l'impératrice la permission d'aller voir son fils. Il demanda à être conduit chez le *petit roi :* ce sont ses propres expressions. Il l'embrassa, le caressa et l'examina beaucoup.

Marie-Louise quitta Rembouillet le 23 avril, pour se rendre à Gros-Bois. Le 25, elle vint coucher à Provins.

Poursuivant sa route par Dijon et Béfort, elle passa le Rhin près d'Huningue et quitta la France le 2 mai 1814.

Le 14 septembre de l'année suivante, fut signée à Vienne une convention par laquelle les duchés de Parme devaient être assurés à l'archi-duchesse Marie-Louise, et après elle au fils qu'elle a de Napoléon; mais deux années plus tard un traité fut signé à Paris entre la France, l'Autriche, l'Espagne, la Grande-Bretagne, la Prusse et la Russie, traité établissant la réversion des états de Parme, après la mort de l'archi-duchesse Marie-Louise, en faveur de l'infante d'Espagne Marie-Louise et de son fils l'infant Charles-Louis, anciens souverains de ces mêmes états de Parme et de Toscane.

En 1822 Marie-Louise, duchesse de Parme, assista en cette qualité, au congrès de Vérone. Depuis, la veuve de Napoléon s'est montrée indigne de sa destinée en contractant un nouveau mariage.

EYNARD.

Eynard (Jean-Gabriel) naquit en décembre 1776 d'une famille française, réfugiée à Genève après la révocation de l'édit de Nantes. Son éducation fut confiée à un précepteur allemand. Sous le règne de Louis XVI, son père avait établi une maison de banque à Lyon. M. Eynard se trouvait dans cette ville lors du fameux siége qu'elle éprouva en 1793; quoiqu'il n'eût encore que dix-sept ans, il entra dans une compagnie de grenadiers, qui fut toujours aux avant-postes, et perdit la moitié de ses soldats.

Après le siége, proscrit et condamné, il se sauva à Genève, où la révolution qui venait d'y éclater força sa famille de se retirer en Suisse. En 1795, il se rendit à Gênes, où il forma une maison de commerce. En 1800, il servit comme canonnier volontaire au siége de cette ville, qui entraîna la perte du quart de la population. L'année suivante, il arriva à Livourne, au moment où le roi d'Etrurie venait d'ouvrir un emprunt dont M. Eynard seul sut apprécier les conditions; il offrit de le remplir seul : ses offres furent acceptées. En rendant un service essentiel à la Toscane, il augmenta considérablement sa fortune. En 1808, il se retira en Suisse, après avoir liquidé ses affaires; il y apporta d'Italie le goût des arts et le désir extrême d'en favoriser le développement. En 1810, il épousa Mlle Lullier de Châteauvieux, personne accomplie sous tous les rapports.

En 1814, lors de la chute de Bonaparte, M. Eynard se rendit à Paris, pour y réclamer auprès des souverains alliés, au nom de la reine d'Etrurie, les Etats de Parme et Plaisance. Cette réclamation n'eut pas de succès, quoique lord Castelreagh, qui s'était chargé de la faire valoir auprès des souverains, en eût reconnu la justice.

La Suisse ayant, en 1815, envoyé des députés au congrès de Vienne, M. Eynard y accompagna son oncle, M. Péclet de Rochemond. Là, pendant un séjour de cinq mois, il fit la connaissance des principaux chefs de la haute diplomatie. En 1816, le grand-duc de Toscane l'appela près de lui pour le consulter sur les moyens de rétablir ses finances, et de diminuer le taux usuraire de l'argent, qui s'élevait de douze à quinze pour cent ; M. Eynard fit un emprunt à raison de six pour cent, racheta pour le compte de l'Etat une partie des créances, établit une caisse d'escompte : en peu de mois l'intérêt tomba à son taux naturel. Pour récompense de ses services, le grand-duc conféra à M. Eynard la décoration de l'ordre de St-Joseph, et le nomma chevalier.

Nous avons dit que M. Eynard avait rapporté de l'Italie un vif amour pour les beaux-arts ; il voulut prouver que ce goût chez lui ne se bornait pas à d'oiseuses spéculations. En 1817, il fit construire une maison en pierres de taille, sans consulter aucun architecte : tous les plans sont de son invention ; il dirigea les travaux ; les matériaux sont d'une telle dimension, que les architraves sont d'une seule pièce ; chaque morceau de marbre de la base pèse jusqu'à 180 quintaux. Cette occupation, tout intéressante qu'elle pouvait être, n'était qu'un délassement pour M. Eynard ; il était appelé à concourir à des opérations d'un ordre supérieur. En 1818, le grand-duc de Toscane le chargea d'une mission particulière auprès du congrès d'Aix-la-Chapelle. Deux années après, le même souverain le nomma son conseiller aulique, et lui donna des lettres de noblesse florentine.

C'est en 1825 que commence la plus brillante partie de la carrière de M. Eynard. Le sort des malheureux Grecs, auxquels nous devons nos arts, nos sciences, notre littérature et notre civilisation, avait inspiré à notre philanthrope le plus vif intérêt; il savait que, sans argent, on ne fait rien dans ce monde, et qu'on ne pouvait, sans ce perf de toutes les affaires terrestres, opérer la délivrance et la régénération d'un peuple qui, s'ennuyant d'user ses fers, voulait définitivement les briser. M. Eynard se rend à Paris, y conclut avec des maisons respectables un emprunt avantageux qui aurait sauvé la Grèce, si la conduite des députés qu'elle avait chargés de stipuler ses intérêts, ne les eût pas indignement trahis. Il était convenu que le comité de Paris dirigerait l'emploi des fonds résultant de l'emprunt; mais les députés, gagnés par l'appât d'un *pot-de-vin*, préférèrent conclure l'emprunt à Londres : par ce moyen, ils se débarrassaient d'importuns surveillants. Nommé à cette époque membre du comité grec de Paris, il consacra tout son temps à la sainte cause qu'il avait si ardemment embrassée. Il partit pour l'Italie, et chercha partout à réchauffer le zèle des philhellènes : de toutes parts on s'adressait à lui; il était le point central où aboutissaient tous les efforts, toutes les correspondances qui tendaient à ce noble but.

Lors du mémorable siége de Missolonghi, il écrivit partout pour faire sentir l'urgente nécessité de secourir cette place; il envoya des secours, stimula le zèle des philhellènes, et contribua particulièrement à exciter, tant en France qu'en Allemagne, cet enthousiasme que rien n'a pu refroidir. Il se rendit à Ancône, pour accélérer le départ des vivres destinés aux assiégés de Missolonghi; mais il était trop tard, cette ville héroïque n'était plus. M. Eynard ne perdit point courage; par ses soins, les envois furent dirigés sur d'autres points de la Grèce; aucun des navires expédiés ne fut pris par les Turcs.

De retour à Florence, il redoubla d'efforts pour subvenir aux besoins des malheureux Hellènes; quoique conseiller aulique, et dans une position soumise à l'influence autrichienne, il ne cessa de solliciter des secours. Les autorités du pays, le ministre d'Autriche lui-même, n'arrêtèrent pas cette chaleur de philanthropie ; de nombreux chargements de vivres et de munitions partirent de Livourne et des ports de l'Adriatique. Ce fut alors que le roi de Bavière, qui prenait le plus vif intérêt à la cause des Grecs, écrivit à M. Eynard pour lui demander des renseignements : S. M. les reçut ; elle en fut satisfaite. En passant à Florence, elle eut une entrevue avec M. Eynard, et lui envoya ensuite des sommes considérables pour les employer à soutenir la cause de la Grèce. Cette belle cause dominait tous les cœurs chrétiens et sensibles : des comités qui avaient pour but d'en accélérer le succès se formaient dans la majeure partie des Etats de l'Europe. M. Eynard, non seulement devint membre de ces comités, mais il fut encore le centre vers lequel se dirigeaient les secours destinés aux Hellènes. En octobre 1826, il adressa une circulaire aux comités suisses et allemands pour les engager à des souscriptions hebdomadaires : ce projet réussit. M. Eynard disait dans cette circulaire, que divers journaux ont publiée : « Si les autorités et tous ceux qui s'intéressent au sort des Grecs, daignent seconder cette souscription, je prends l'engagement de vouer tout mon temps, toutes mes facultés et une partie de ma fortune à secourir cette malheureuse nation, jusqu'au moment que la Providence aura marqué pour sa délivrance. »

M. Eynard n'appartient à aucun parti ; c'est pour cela que tous les partis se prêtèrent à favoriser ses vues généreuses et philanthropiques : une sorte de bienveillance générale seconda ses travaux ; aucun gouvernement n'entrava ses démarches, sa correspondance ne fut jamais arrêtée, et partout il lui fut permis d'envoyer aux Grecs des secours de tout genre ; on voyait que l'amour de l'humanité était le mobile de ses actions, et que l'esprit de faction n'y entrait pour rien. C'est une justice à rendre à tous les gouvernements : les agents autrichiens n'ont jamais contrarié les opérations de M. Eynard ;

il connaissait personnellement presque tous les ministres étrangers. Cette particularité mérite d'être signalée ; un homme pur de tout esprit de parti pouvait seul accélérer le mouvement d'une grande régénération. M. Eynard a correspondu avec tous les philhellènes de l'Europe, avec tous les chefs grecs ; sa correspondance est volumineuse.

Lord Cochrane, avant de partir pour la Grèce, se rendit de Marseille en Suisse, chez M. Eynard, pour conférer avec lui.

Les efforts généreux de M. Eynard lui avaient concilié l'admiration de l'Europe ; aucune voix accusatrice ne semblait devoir troubler le concert des éloges qu'il recevait de toute part. Cependant à la tribune de la chambre des députés, M. Dudon, à l'occasion des pirateries commises dans les mers de la Grèce, attaqua indirectement les comités philhellènes. M. Eynard démentit publiquement les allégations de M. Dudon, dans une lettre du 21 mai 1826, que plusieurs journaux ont rapportée : « Il y a donc, disait-il, inconvenance et malveillance à jeter de la défaveur sur ceux qui ne cessent depuis deux ans de s'occuper des intérêts de l'humanité et, par le fait, de celui du commerce. Continuons donc à secourir encore les Grecs ; finissons l'œuvre que nous avons commencée ; encore quelques sacrifices, et nous atteindrons le moment où une protection plus puissante que la nôtre sauvera entièrement ce malheureux peuple. Malgré les propos hasardés de M. Dudon, félicitons-nous de ce que nous avons fait, et, j'ose le répéter encore, loin d'encourir le blâme des puissances chrétiennes, l'instant approché où elles remercieront ceux qui ont nourri les Grecs et empêché leur entière destruction, à une époque où la crainte de troubler la paix de l'Europe retenait la bienfaisance des monarques. Nos secours ont donné le temps à la politique de s'entendre ; *ne les cessons que lorsque le sort de la Grèce sera décidé.* »

En 1827, M. Eynard se rendit à Londres, toujours dans

l'intention de servir la cause dont il s'était si hautement déclaré le protecteur; il écrivit au célèbre sir Mackintosh, et fit un appel à la nation anglaise, pour la déterminer à soutenir les opérations de lord Cochrane et du général Church. Ces documents ont été publiés dans le *Times*. Dans sa lettre à sir Mackintosh, en date du 10 juin 1827, M. Eynard justifie les Grecs de toutes les inculpations que l'on faisait peser sur eux. « Est-ce, dit-il, la nation grecque qu'il faut accuser du désordre de l'emprunt et des désastres des bateaux à vapeur ? Non, tout le monde le sait. Des divisions intestines ont eu lieu, c'est vrai; mais l'histoire de tous les peuples qui commencent est la même, et les Grecs ne sont-ils pas plus excusables que les autres ? Plusieurs chefs ont manqué de vertu, de probité, de patriotisme, c'est vrai; cependant aucun n'a trahi sa patrie en traitant avec les Turcs. Des dilapidations ont eu lieu en Grèce, c'est vrai; mais il faut en accuser les emprunts de Londres; les parcelles échappées au naufrage, au lieu d'être expédiées en vivres, en munitions de guerre, ont été envoyées en or à des chefs sortant de l'esclavage; n'était-ce pas leur envoyer la pomme de discorde ? Les pirates grecs désolent le commerce, c'est vrai; mais la misère affreuse de toute une population n'est-elle pas une espèce d'excuse à ces désordres ? Qu'on se rappelle que les marins de Chio, d'Ipsara, ont tout perdu; que, depuis trois ans, ils traînent leur existence dans une patrie ravagée. Quand leurs femmes et leurs enfants leur demandent du pain, que doivent-ils faire ? »

M. Eynard, pendant son séjour à Londres, proposa d'ouvrir une souscription en faveur des Grecs; il s'y inscrivit lui-même pour une somme de trois cents livres sterlings. Cette tentative échoua pour deux raisons: la première, c'est que l'amour-propre britannique se trouva blessé de ne pas voir la nation paraître en première ligne dans cette noble entreprise; la seconde cause doit être attribuée aux dégoûts qu'entraînèrent la mauvaise gestion de l'emprunt et le triste sort des bateaux à vapeur. M. Eynard eut plusieurs conférences avec les ministres anglais, qui lui firent l'accueil le plus honorable : si nos informations sont exactes, nous sommes portés à croire que les renseignements qu'il leur a donnés contribuèrent puissamment à la signature du traité conclu peu de temps après entre la France, la Russie et l'Angleterre. Le 6 août 1827, M. Eynard adressa aux comités européens une lettre qu'il terminait ainsi : « Il est bien consolant pour nous de voir se confirmer nos pressentiments que l'année 1827 ne se finira pas avant que la lutte affreuse qui désole l'humanité ne soit terminée : encore quelques mois, un seul peut-être, et les maux de la Grèce auront cessé ; soyez-en sûrs, messieurs, la protection des trois puissances sera entière et paternelle, et si les circonstances ont retardé le bienfait, espérons qu'il n'en sera que plus complet. Les monarques qui se sont réunis veulent tous que la Grèce soit régénérée, et les hommes à la tête de leurs affaires mettront leur gloire à prouver à l'Europe que l'union des trois grandes puissances a eu pour seul but de secourir l'opprimé, et de lui rendre une patrie. Heureux les ministres qui auront contribué à cette belle action ! »

Les longs et pénibles travaux de M. Eynard ont dû prendre fin au moment où les trois grandes puissances ont accepté le protectorat de la Grèce, et promis sa délivrance. Le mouvement donné par M. Eynard, après avoir agité tous les cœurs généreux, a porté son impulsion jusqu'aux premiers trônes de l'Europe : grâce à Charles X, notre drapeau flottera bientôt sur les remparts de l'Acropolis. La nomination de M. Capod'Istrias, ami particulier de M. Eynard, comme chef du gouvernement grec, a obtenu tous les suffrages ; on doit tout attendre de cet éloquent diplomate, qui fut sans doute un des premiers mobiles de la vaste expédition entreprise par la Russie. M. Eynard, par sa persévérance, ses fréquents appels à la charité, à la commisération de ses contemporains, sa volonté ferme et constante de faire triompher la cause qu'il avait épousée , a sans doute puissamment contribué à renverser les obstacles qui s'opposaient à ce triomphe désormais assuré. M. Eynard ne s'est pas borné à consacrer tout son temps, toutes ses facultés au succès de cette belle cause, il est un de ceux qui ont fait le plus de sacrifices d'argent, sans compter les secours secrets qu'il a particulièrement envoyés : membre de presque tous les comités d'Europe, il a souscrit dans chacun de ces comités , et nous voyons dans les notes publiées par le seul comité de Paris, qu'il a versé dans sa caisse trente-un mille francs. Nous avons sous les yeux une gazette grecque de l'année dernière qui annonce qu'avant de se dissoudre , l'assemblée nationale a voté des remercîments à M. Eynard, et l'a nommé citoyen grec. La conquête d'une nation est sans doute bien au-dessous de la gloire d'avoir si puissamment contribué à l'affranchir ; il est beau d'être le compatriote d'Aristide, de Solon , de Lycurgue et d'Epaminondas. Il reste encore un beau fleuron à ajouter à la couronne civique de M. Eynard ; la Grèce sera bientôt libre , mais elle a aussi besoin d'être régénérée : ne pourrions-nous pas lui reporter les arts , les sciences , les lettres et la révélation que nous avons reçus d'elle ? M. Eynard lui rendrait encore un éminent service , en favorisant la transplantation de quelques savants , de quelques artistes distingués qui , en fécondant leur génie sous le climat inspirateur de la Grèce , en verseraient les émanations sur les peuples qui l'habitent ; c'est une idée que nous soumettons à sa philanthropie et à ses lumières.

M. DUSILLET.

Claude-Joseph-Antoine-François-Léonard Dusillet, de Dôle, est né en cette ville, le 14 octobre 1769, d'une famille noble et ancienne. Son sixième aïeul, Carle Dusillet, périt sur l'échafaud, victime de sa fidélité aux rois d'Espagne : M. Dusillet n'a point dégénéré de l'esprit de ses pères, et son zèle pour ses légitimes souverains ne s'est jamais démenti. Il a fait ses humanités à Besançon, sous l'abbé Barbelonet, professeur d'un rare mérite. Entraîné vers la littérature par un goût très-vif, il y aurait probablement acquis une plus grande réputation, s'il avait pu se décider à quitter la province, et à secouer cette indolence franc-comtoise, reste du caractère espagnol, et qu'il a si bien peinte dans ces vers :

> Peuple indolent, et dont l'unique affaire
> Est de dormir ou veiller sans rien faire.

Ce n'est qu'à l'âge de trente-cinq ans qu'il a connu son talent pour la poésie, et l'on peut dire qu'il a commencé à un âge où les autres sont près de finir. Il débuta par un discours en vers, *Sur les erreurs de l'esprit humain par rapport au culte,* ouvrage qui lui valut de la part du légat de Pie VI le titre *d'orateur chrétien, défenseur de la foi.* Il publia quelque temps après une ode intitulée *le Poète,* laquelle obtint l'amarante d'or aux Jeux-Floraux. Il fit ensuite plusieurs odes et un petit poème sur la prise de Rome par les Gaulois, pièce qui fut couronnée à l'académie de Niort. Quelques élégies

13

tombées de sa plume, un petit nombre d'odes, le discours et le poème que nous venons de citer, composent tout le recueil des poésies de M. Dusillet. Ce recueil a paru chez le libraire Ladvocat : nous en parlerons dans un autre article. On voit que M. Dusillet a peu écrit, et nous concevons facilement que, relégué au fond d'une province, loin des arts et de ceux qui les cultivent, il se soit laissé aller à ce *far niente*, à cette indolence d'une petite ville où rien n'échauffe le génie, où les journées s'écoulent uniformes, où l'âme, *ce feu qu'il faut nourrir*, s'éteint de toute nécessité parce qu'il ne s'augmente jamais. L'entretien des gens de lettres est nécessaire aux gens de lettres ; la pompe des arts est un besoin pour eux ; les poètes vivent d'illusions comme les amants. On assure que M. Dusillet est resté trente-quatre ans et plus sans venir à Paris, où tout semblait l'appeler, tant l'habitude a de pouvoir, tant il est facile de décourager le talent même, lorsque rien ne le réveille ni ne le soutient. Il est vrai que si l'on en croit le portrait que M. Dusillet a fait de Dôle, il est aisé de se laisser captiver par son site délicieux :

Bon pélerin, si trouvez en voyage,
Beau *val d'amour* et beau ciel sans nuage,
Plaine féconde et tranquille rivage
Que mollement baigne un fleuve égaré ;
Si près du fleuve est riant pâturage,
Côteau vineux, bois touffu, frais ombrage,
Verte prairie et sillon tout doré ;
Si, d'aventure avisez tour superbe
Qui survit seule à d'illustres remparts,
Mais tour qui tombe et va mêler sous l'herbe
Ses vieux débris à leurs débris épars ;
Si rencontrez peuple d'humeur paisible,
Brave et courtois, généreux et sensible,
Fidèle à Dieu, soumis à son devoir,
Qui n'a souci de l'or ni du pouvoir,
Peuple indolent, et dont l'unique affaire
Est de dormir ou veiller sans rien faire,

Gardez-vous bien d'aller dormir ailleurs ,
Restez ici dans la mousse et les fleurs ;
Dôle est le nom du pays où vous êtes.
On trouve à Dôle un bois obscur et frais,
Jamais l'amour n'y trahit ses secrets,
Et les plaisirs, sous des myrtes discrets,
Y sont bercés par les grâces muettes.

Ces vers sont tirés de la chronique d'*Yseult de Dôle,* roman poétique, dont tous les chapitres commencent par des vers semblables à ceux-ci; ce qui fit dire à l'époque où ce roman parut chez Hubert, qué les prologues d'*Yseult* rappelaient la manière de Voltaire. L'auteur avait voulu prouver que, sans néologisme, il était possible de faire de la prose aussi pleine d'images, aussi *éblouissante,* que la prose de nos jeunes romanciers. Nous nous proposons de consacrer un article spécial à cette charmante production, le plus beau titre de gloire de M. Dusillet.

Bien que né sous l'influence funeste du dix-huitième siècle, M. Léon Dusillet avait pressenti tout ce que la poésie réclamait de nouveauté pour se présenter avec quelques charmes aux yeux des Français, fatigués de sa monotonie; mais par respect pour l'école de ses maîtres de Paris, le jeune provincial s'efforçait de rétrécir son génie dans le cercle ennuyeux de l'imitation. Néanmoins en dépit de la routine et des beaux-esprits, quelques petites escapades romantiques signalèrent le talent de M. Dusillet. Dans *Yseult de Dôle,* tout en protestant de son attachement à l'orthodoxie académique, dans laquelle il déclare vouloir vivre et mourir, le romancier des vieilles coutumes tombe à chaque pas dans l'hérésie, et laisse entrevoir malgré lui son coupable penchant pour la littérature réformée. Puisque nous ne craignons pas d'exposer M. Dusillet à être brûlé par les *perruques* de l'inquisition académique, il faut appuyer notre accusation sur des preuves certaines : elles ne nous manqueront pas ; et parmi toutes celles qui se présen-

tent à nous dans les ouvrages du maire de Dôle, nous choisi-
rons le passage suivant.

Lara, amant d'Elmire, épouse de Tellès, vient de dénoncer
ce dernier au grand inquisiteur. L'auteur peint le trouble qui
s'empare de Lara, après son crime :

> Une froide sueur de tout son corps ruisselle,
> Et dans Madrid désert, qu'il ne reconnaît pas,
> Il erre, épouvanté du seul bruit de ses pas.
> L'indomptable remords dans son âme s'élève ;
> Il voit fumer du sang, il voit marcher un glaive ;
> Il voit en tourbillons des flammes s'élancer.
> Une invisible main qui semble le pousser,
> Le jette aux pieds des murs qu'habite sa victime,
> Murs encore témoins d'un bonheur légitime ;
> Il recule effrayé ; des sons pleins de douceur
> Captivent son oreille et coulent dans son cœur.
> Elmire !... elle chantait, et d'une voix paisible
> Confiait ses amours à la harpe sensible ;
> Lara, tremblant, écoute et ne peut respirer ;
> D'un charme qu'il redoute il se sent enivrer ;
> De son fatal amour il reconnaît la trace ;
> Il se roule, indigné, sur le seuil qu'il embrasse ;
> Comme un tigre puissant qu'un Nègre a terrassé,
> Mord le trait douloureux dans sa plaie enfoncé.
> Il s'échappe à la fin, mais il écoute encore ;
> Il s'abreuve des sons d'une voix qu'il adore,
> Et, malgré lui, des pleurs ont coulé de ses yeux.
> Tel, haï de son peuple et réprouvé des cieux,
> Saül, que Dieu pressait de ses mains redoutables,
> Effrayait Benjamin de ses cris lamentables,
> Et du fils d'Isaï les accords inspirés
> Rendaient seuls quelque paix à ses sens déchirés.

M. Dusillet consacre aux Muses le peu de loisirs que lui
laisse une administration ennuyeuse et pénible ; on ne conçoit
pas qu'un homme, qui pourrait si bien employer son temps,
descende jusqu'aux détails d'un budget de petite ville, jusqu'aux

soins d'une police minutieuse. Maire trois fois réélu, il s'occupe
à faire fleurir les arts dans sa patrie ; la ville de Dôle doit à sa
constante sollicitude un musée, une école de dessin, de sculpture, de musique mutuelle et des sciences appliquées aux
arts, d'après la méthode de M. Dupin. Il a rouvert et considérablement accru la bibliothèque publique, et le Roi, à
sa prière, vient d'accorder son portrait en pied à la ville de
Dôle.

L'extérieur de M. Léon Dusillet répond à l'idée que l'on a
pu concevoir de sa personne en parcourant ses écrits ; un front
large et élevé, de grands yeux remplis de vivacité, une bouche
spirituelle, un ensemble de tête fortement constitué ; telle est
l'esquisse imparfaite du portrait de ce poëte. Comme tous les
hommes d'un talent véritable, M. Dusillet a de la simplicité
dans les manières, de la bonté, de l'affabilité dans ses rapports
avec les jeunes gens. Administrateur habile, il a su conserver
la paix et la concorde dans une ville habitée par des jésuites ;
sans jamais flatter le pouvoir, il fait respecter et chérir l'autorité du Roi, et fléau des factieux de tous les partis, les libertés
constitutionnelles le considèrent comme un de leurs plus sin-
cères partisans. Poëte et magistrat, M. Dusillet avait droit à
la bienveillance d'un gouvernement ami des lettres et de la
justice ; aussi l'auteur d'*Yseult de Dôle*, ainsi que MM. Casimir
Delavigne, Soumet et Victor Hugo, porte-t-il à sa boutonnière
le ruban de la Légion-d'Honneur.

M. L'ABBÉ PRINCE ALEXANDRE DE HOHENLOHE.

Alexandre-Léopold, prince de HOHENLOHE-WALDENBOURG-SCHILLINGSFURST, né le 17 août 1793, est le dix-huitième et dernier enfant de Charles-Albert, prince régnant de Hohenlohe, et de Judith de Rewitzky, fille d'un magnat de Hongrie. Ayant perdu son père à l'âge de deux ans, il fut d'abord élevé par sa mère, qui, à sa naissance, l'avait destiné dans le secret de son cœur pour le service des autels; elle le confia aux soins d'un ancien jésuite, le P. Riel, du nombre de ceux que le grand-père du prince avait autrefois réunis à Schillingsfurst pour l'éducation de la jeunesse. Le jeune Alexandre laissait entrevoir un penchant marqué pour l'état ecclésiastique; lorsqu'on entreprit de lui donner une autre direction. Son frère aîné, le prince Joseph, avait été tué en 1800 d'un boulet de canon sur le champ de bataille près d'Ulm; le prince régnant d'alors était veuf depuis 1803, sans descendants mâles, et ses deux autres frères, engagés dans l'état militaire, en couraient continuellement tous les dangers : il paraissait donc important de prévenir l'extinction de cette noble famille. D'ailleurs, les dignités de l'église qui semblaient convenir à une naissance aussi illustre avaient disparu. En conséquence on mit tout en œuvre pour faire quitter au prince l'inclination qu'il manifestait; mais tout fut inutile. Lui offrait-on des armes pour amusement de son âge, ou voulait-on le conduire à la chasse, il demandait à rester au château pour y *jouer à la chapelle.*

En 1804, sa onzième année, il sortit de l'éducation domestique, et entra au collége Thérésien, à Vienne, pour y faire ses humanités. En 1808, et d'après la volonté de sa mère, il alla faire sa philosophie dans l'académie de Berne, d'où, après un

séjour de deux ans, il retourna à Vienne en 18.0. Ce voyage
lui donna occasion de passer quelques jours dans sa famille,
où on lui fit de nouvelles instances, et d'une manière d'autant
plus pressante, qu'un second de ses frères venait de trouver
la mort dans les combats. Mais toutes ces tentatives ne firent
qu'affermir sa première vocation. Ayant donc achevé son cours
de philosophie, il entra au séminaire de Vienne pour y commencer ses études de théologie, qu'il continua au séminaire
de Strigonie, et termina dans celui d'Ellwangen, où il reçut
les ordres sacrés, entre autres la prêtrise le 16 septembre 1815,
des mains de l'évêque suffragant, le prince François-Charles,
son oncle, qui partageait avec lui sa maison et sa table. A
peine eut-il célébré sa première messe, qu'il se rendit à Schillingsfurst pour y exercer les fonctions pastorales. Arriva la
malheureuse année de 1816 ; et pour surcroît de calamité,
une fièvre contagieuse se joignit dans la paroisse à la disette
générale. Malgré tous les dangers qu'il courait pour sa propre
vie, le jeune prince se rendait le jour et la nuit dans les lieux
où l'appelaient la maladie et la misère.

Vers la fin de la même année, époque à laquelle se négo-
ciait le concordat entre le Saint-Siége et la Bavière, il fit le
voyage de Rome, accompagné d'un peintre. Il voulait
étudier avec fruit les chefs-d'œuvre dont l'Italie abonde,
satisfaire l'intérêt que les beaux-arts lui ont toujours inspiré,
et avoir en même temps une occasion d'approcher de la personne du pape Pie VII. Il paraît que des personnes à qui une
semblable démarche ne plaisait pas trop, firent de grands efforts pour l'empêcher d'être présenté au saint père, et même
pour le lui rendre suspect ; mais ce fut en vain. Pie VII, dans
une première audience, le reçut avec une bienveillance et une
affection toute paternelle, lui annonça que, tout le temps qu'il
séjournerait encore à Rome, il avait chaque matin ses entrées
libres ; enfin, le jour de Noël, il le fit placer à côté de lui pendant l'office solennel à l'église de Saint-Pierre.

Le prince, logé au collége Romain, y fit une retraite de quelques jours; puis, dans la compagnie d'un de ses amis, le secrétaire du cardinal della Genga, actuellement Léon XII, il visita les monuments ainsi que les personnages les plus illustres de Rome.

En 1821, le prince d'Hohenlohe étant allé prêcher dans l'église catholique de Cobourg, y fit la connaissance d'un paysan nommé Martin Michel, qui lui parla des guérisons extraordinaires que l'on obtenait en récitant telle ou telle prière, accompagnée de certaines intentions. Le prince suivit les conseils qui lui furent donnés, et bientôt acquit une grande réputation pour ses cures miraculeuses. Le 20 juin de l'année ci-dessus, eut lieu la guérison de la princesse de Schwartzemberg, attribuée aux prières du prince d'Hohenlohe. L'éclat qui fut donné à ce miracle étendit au loin la renommée de celui auquel il était attribué, et la popularité qui s'attacha de ce moment à ce prince surnaturel, décida la police à réprimer les mouvements dangereux qu'il pouvait exciter dans la canaille ignorante et superstitieuse. On laissa au prince la liberté de faire des miracles, mais seulement en présence d'un mandataire de l'autorité. De tout temps les hommes extraordinaires n'ont point aimé la surveillance, et, comme tous ses prédécesseurs, le prince ne voulut pas agir devant témoins; il se contenta d'écrire au pape pour le consulter sur la conduite à tenir dans cette circonstance. Pie VII répondit qu'il fallait user de prudence, sans toutefois résister à la volonté du ciel. Le prince prit alors le parti d'écrire aux malades qui avaient recours à lui, et de leur indiquer par lettres le jour et l'heure où le miracle devrait s'opérer. On assure que plusieurs personnes en France ont ressenti les effets miraculeux des prières de ce prince.

(1)

M. DAVID.

Dᴀᴠɪᴅ (Pierre-Jean), né à Angers le 12 mars 1792, avait pour père un sculpteur. Il apprit d'abord le dessin à l'école centrale d'Angers, et ce ne fut que vers 1808 qu'il vint à Paris pour étudier dans l'atelier du fameux peintre David et de M. Roland. Il obtint le grand prix de Rome en 1810; dans la même année le prix de la tête d'expression, et en 1811 le grand prix de Rome, où il demeura cinq ans. A son retour il fut chargé de l'exécution de la statue du grand Condé. La vie d'un artiste est tout entière dans ses ouvrages; nous allons donc parler de ceux de M. David, et commencer par cette même statue du grand Condé. L'artiste a représenté l'instant où le prince jette son bâton de maréchal dans les lignes de Fribourg. Cette statue n'est point le chef-d'œuvre de son auteur; pourtant elle est composée et rendue avec une énergie et une chaleur que semblerait devoir exclure la longueur du travail de la statuaire. Les pans de l'habit qui sont traités avec une admirable vérité, le pied du héros posé sur le piédestal d'une manière si ferme, le bras, le regard, tout est ému, tout fait effort. Nous ne pouvons mieux faire, pour prouver l'effet que produit cette statue, que de rapporter le mot d'une vieille femme qui, émerveillée, pour ainsi dire, de l'impétuosité du marbre, s'écria : « Ma finé, c'est comme un orage ! » Il est inutile d'ajouter que cette statue est la plus belle de toutes celles qui sont posées sur le pont.

M. David a fait pour la ville d'Aix une statue colossale du roi René d'un beau caractère, et pour la cathédrale d'Angers un groupe représentant le Christ, la Vierge et saint Jean. Mais

13

le monument qui a fait sa réputation est celui de Bonchamps :
le héros vendéen est représenté sur un brancard, au moment
où il demande la grâce de cinq mille républicains que ses soldats
allaient mitrailler pour venger sa mort. La sublime précipita-
tion qui anime le mouvement de Bonchamps, son désir ardent de n'être pas vengé, la généreuse inquiétude qui l'occupe
du sort de ses meurtriers lorsqu'il n'a plus que quelques ins-
tants pour songer au sien, tout est rendu de la manière la
plus touchante. Deux bas-reliefs du même monument, l'un
représentant la Religion, et l'autre la France couronnée de
cyprès, sont dignes de la statue. Ce bel ouvrage est placé dans
l'église de St.-Florent, dans la Vendée, où étaient les prisonniers sauvés par Bonchamps.

M. David a exécuté pour Cambray la statue de Fénelon
avec trois bas-reliefs. Cette statue se recommande par plusieurs
parties, par la belle expression de la figure du prélat, qui
meurt sur les marches de l'autel, comme sur le chemin du
ciel, et par les plis de la robe qui sont exécutés avec une fi-
nesse que rappelle J. Goujon. L'un des bas-reliefs représente
l'auteur de Télémaque instruisant le jeune prince. Sans écouter la leçon que vient lui réciter son royal élève, il lui parle,
en lui mettant la main sur le cœur, des plus hautes leçons que
doivent recevoir sans intermédiaire les rois de la Providence.
Le second nous montre Fénélon soignant et pansant les blessés.
On admire la naïveté de la pose d'un des soldats, qui indique
de la main au prélat, l'endroit d'une blessure d'ailleurs très-
visible; mais c'est surtout dans le troisième bas-relief, que
cette qualité distinctive de l'illustre sculpteur éclate au plus
haut degré : il représente Fénélon qui ramène leur vache à des
paysans. La simplicité du bon archevêque qui semble n'avoir fait
autre chose dans sa vie que de ramener des vaches, la stupé-
faction reconnaissante du paysan et de son vieux père qui n'a
jamais rien vu de pareil; l'allégresse si complète de la ména-
gère qui baise la vache et qui oublie de remercier le noble

bienfaiteur, font de ce bas-relief une petite scène délicieuse de naturel et d'originalité.

Un autre bas-relief devait être placé à la Bastille ; le sujet est le génie de la guerre se reposant sur celui de l'architecture militaire, qui tient un plan et pose le pied sur un bélier.

On voit, au Père-Lachaise le tombeau du maréchal Lefèvre, orné d'un côté de deux victoires couronnant le buste, et de l'autre de deux trophées traités avec un goût tout particulier, et entre lesquels on lit cette inscription ou plutôt cette nomenclature qui donne si peu à lire et tant à admirer :

Soldat. . . . . Fleurus (avant garde)
Maréchal. . . . . Passage du Rhin.
Duc de Dantzick. . . . . Altenkivken ,
Dantzick.
Pair de France. . . . . Montmirail.

Non loin delà on trouve le tombeau du comte Bourck, dont la face principale représente l'épouse du guerrier mort, une branche de cyprès à la main, les yeux fixés sur le buste de son mari ; au-dessus se lit cette inscription : *expectantes beatam spem*. On trouve en effet réunies dans les traits de la comtesse toute l'abnégation du regret et toute la confiance de l'espoir.

L'église d'Alençon a de M. David un bas relief, représentant le comte Frotté et six de ses officiers au moment de leur exécution militaire. L'artiste a su allier à merveille sur les traits de ses personnages, le courage du soldat et la tristesse de l'homme au moment de quitter la vie. Leurs regards sont mâles et semblent défier, mais on voit que c'est la mort qu'ils désirent. Nous citerons simplement un bas-relief de quatre génies militaires pour la galerie de Fontainebleau ; les douze apôtres placés sur le maître-autel de la chapelle de Vincennes ; un bas-relief pour la tombe de la duchesse de Brissac, placé à Brissac près d'Angers, et une figure de la Religion placée dans le cimetière de cette même ville ; et nous passerons au monument du maréchal Suchet, où M. David a déployé des idées pleines d'innovation et de poésie. Au lieu de faire écrire la Victoire comme de coutume sur son bouclier héréditaire, il lui a mis entre les mains, par une heureuse alliance des études de l'antiquité et de l'observation des temps modernes, un canon. Il en a fait une chrétienne, et c'est ce que prouve l'admirable expression de mélancolie qu'il a substituée si heureusement dans son regard à la joie insouciante que lui donnaient les anciens ; témoignage éclatant en faveur de ce culte qui ne permet même pas à la gloire de racheter le sang.

La statue de Racine est placée à la Ferté-Milon. C'est plutôt le génie du poète, que le poète lui-même qui est représenté. Le célèbre tragique est à demi nu, enveloppé dans son manteau ; il travaille la nuit ; une de ses mains est sur son cœur qu'il semble interroger. La partie de la statue qui est nue, est un chef-d'œuvre de modèle ; nous ferons mieux pour donner une idée de ce beau monument de citer quelques passages d'une revue critique du salon de 1824, où la statue en question est appréciée avec une justesse de goût parfaite. « Cette œuvre de M. David est sans contredit ce que la sculpture nous a offert cette année, si non de plus délicat et de plus parfait, du moins de plus profondément imaginé et de plus vigoureusement traité...... Certes, s'il convenait de représenter quelques modernes sous le costume antique, c'est assurément le chantre d'Andromaque, d'Iphigénie et de Phèdre, lui qui s'était nourri si profondément de la lecture des ouvrages, et qui s'en est approprié les beautés avec tant de supériorité et de goût. Le sculpteur dans sa statue s'est évidemment mis à la hauteur de son modèle, car rien n'est plus beau, plus grand, plus poétique, et je dirais même plus solennel que tout ce morceau. Le goût et le parfum de l'antique s'y font sentir avec le même degré d'atticisme, si je puis m'exprimer ainsi, que dans les ouvrages du divin poète.... »

Nous allons parler maintenant du chef-d'œuvre de M. David, dans le genre gracieux, de la statue d'une jeune Grecque sur le tombeau de Botzaris. L'enfant est nue est couchée tout entière sur la pierre, la tête appuyée sur l'épaule gauche; ses cheveux sont retroussés à la manière des Grecques modernes; sa main gauche qui tient une couronne de laurier, pose sur le tombeau; l'autre sert à l'enfant pour lire plus facilement les lettres de l'inscription funèbre. Rien n'est plus gracieux, plus naïf et plus profond à la fois que cette figure. On ne sait ce que l'on doit le plus admirer de la poésie de la composition, qui permet de voir dans cette enfant la Grèce renaissante d'un tombeau, ou du fini de l'exécution, qui a laissé leur grâce aux formes naissantes de l'enfance, si admirables dans leur incomplète perfection. M. David a dessein de faire présent de cette statue au gouvernement grec. Qu'on nous permette ici de louer l'amour de l'art si désintéressé, qui enflamme le noble sculpteur, qui regarde comme le plus beaux prix du chef-d'œuvre d'une imagination indépendante, d'être accepté par une nation libre, et d'admirer en même temps à quelle hauteur se place l'artiste qui, de son talent traite d'égal à égal avec les rois et les nations de leurs trônes. Certes, s'il est un beau spectacle, c'est celui du génie qui fait don d'un grand homme à un empire. M. David a encore exécuté une statue d'un jeune berger, se regardant dans l'eau, placé dans le musée d'Angers, et un bas relief représentant une néréide apportant un casque à Achille. Il s'occupe en ce moment du monument du général Foy, qui est sa part à la souscription de l'illustre défunt.

Ce monument est composé de la statue du général à la tribune, et de quatre bas reliefs : le convoi, une bataille en Espagne, la chambre des députés, le génie de l'éloquence et celui de la guerre. La statue de Talma, étudiant ses rôles, qui sera placée au foyer du théâtre français, une sainte Cécile pour une église de Paris, et trois grands bas-reliefs sur l'histoire de sainte Geneviève, pour l'église de ce nom, tels sont les travaux qui occupent encore maintenant M. David. Avant d'en finir avec les statues et les bas-reliefs, nous nommerons encore les deux figures de la Justice et de l'Innocence, dont la dernière est pleine de grâce, et qui sont placées dans la cour du Louvre; ainsi qu'un bas-relief de l'arc de triomphe du Carrousel, représentant le retour de M. le Dauphin en France, après la campagne d'Espagne. On y peut remarquer l'heureuse différence mise entre l'expression des traits de Mme la Dauphine, dont la joie est pleine et sans mélange, et de ceux de Mme la duchesse de Berry, qui voit encore sa famille incomplète pour elle. M. David lègue en outre à la postérité une double collection très-précieuse de bustes et de médailles. Parmi les bustes, nous citerons ceux de M. Visconti à la bibliothèque de l'Institut, de Camille Jordan, au Père-Lachaise, de Louis XVI et de François Ier pour le Hâvre; (l'auteur refait ce dernier en bronze pour le donner à sa patrie la ville d'Angers); ceux de Henri II, en bronze pour une place publique de Boulogne sur mer; d'Ambroise Paré, qui porte cette devise : *Je le pansay et Dieu le guarit,* et que M. David donne à l'Ecole de médecine de Paris; de Beclard, placé au musée d'Angers; de Volney, donné à la bibliothèque de l'Institut; de Lafayette, donné aux Etats-Unis de l'Amérique; celui du romancier Fénimore-Cooper, à l'occasion duquel nous remarquons une innovation de M. David.

Il n'est personne qui n'ait remarqué la façon routinière dont jusqu'ici les cheveux ont été traités dans la vieille école classique de sculpture, et qui n'ait ri de ces espèces de serpents amoncelés autour de la tête, qui lui donnent l'aspect d'une Gorgone; M. David a su dans tous ses bustes, et principalement dans ce dernier, accuser la ténuité des cheveux en particulier, sans leur ôter l'aspect de leurs masses en général. Du reste, la tête de M. Cooper est reproduite avec une vigueur et une expression étonnante. Mme Haudebourd-Lescot; M. de Larevellière-Lepaux, dont la figure loyale et simple a été faite deux fois avec le même succès par le célèbre artiste ; M. de Lacépède, qu'il a donné à la ville d'Angers ; M. Casimir Delavigne, le colonel Moncey, le député de l'assemblée constituante Casenave, M. Raoul-Rochette, le député Caumartin, M. Bellart, ont eu leur buste de la main de M. David. Celui de Jérémie Bentham a obtenu le plus grand succès à la dernière exposition, et vient d'être envoyé par l'auteur en Angleterre pour y être placé dans un monument public. Nous citerons encore ceux de MM. Desgenettes, médecin de l'armée d'Egypte; Bodinier, Proust, chimiste né à Angers, que l'auteur a donné en bronze au musée de cette ville; Gohier, Alexandre de Lameth, Casimir Périer, Kératry, Rouget de l'Isle, Grégoire, ancien évêque de Blois, Bodin père et Félix Bodin. Mais les deux plus beaux bustes de M. David, à notre avis, et qui reproduisent en même temps les deux plus hautes célébrités de notre époque, sont ceux de MM. Rossini et Châteaubriand. Dans le premier, M. David a triomphé heureusement des difficultés qu'offrait à la sculpture l'embonpoint de l'illustre maëstro; quant au second, fait sur des proportions colossales, rien ne peut rendre l'effet qu'il produit; cette tête, coupée au bas du cou, semble un fragment retrouvé des statues gigantesques de l'Egypte; elle paraît encore plus forte qu'elle n'est, car l'expression surtout en est colossale. M. de Châteaubriand dictait son discours sur la liberté de la presse en posant. On retrouve en effet dans l'expression le courage et la fierté du diplomate, mêlés à l'abattement et à la mélancolie du poète. Il y a du René dans le regard; mais le pair de France se retrouve dans le front et dans les sourcils. On dirait que M. David a trouvé l'art de sculpter les paroles sur les lèvres, tant la physionomie est parlante et tant l'œil est regardant. M. David a dessein de faire le buste de Gilbert, pour en faire présent à l'église de Remiremont, son village, afin que ce modeste berceau d'un poète célèbre ait un monument de son unique illustration.

M. David a raison de traiter en patrie toutes les villes mères du talent.

On distingue par une ressemblance parfaite, dans la collection des médailles, celles de MM. Victor Hugo, Alfred de Vigny, Delacroix, et celles de Mmes Delphine Gay et Tastu. La ressemblance de M. David n'est pas celle des autres sculpteurs qui se bornent à reproduire à peu près les traits aussi fidèlement qu'ils peuvent; chez M. David, l'âme ressemble autant que l'homme; on se ressemble plus dans ses médaillons, pour ainsi dire, qu'on ne se ressemble soi-même; et quelque absurde que paraisse d'abord cet axiôme, il le paraîtra moins si l'on connaît avec quel art M. David sait exhumer la physionomie, souvent ensevelie sous les traits.

Avant de quitter tout à fait les ouvrages de M. David, nous nous livrerons à quelques observations sur la direction qu'il a donnée à la sculpture. Il n'a pas fait plier cet art grave et solennel aux caprices de l'imagination et aux emportements des partis; il n'a introduit dans la sculpture ni la comédie, ni la satire, qui sont du domaine cependant de la plus haute poésie; il a senti que des monuments destinés à parler éternellement à la postérité, ne devaient l'entretenir ni de passions obscures, ni de puérilités du moment, et que le ciseau, cet instrument du génie, ne doit jamais être son arme.

M. David a été nommé membre de la Légion-d'honneur en 1825, membre de l'Institut le 5 août 1826, et professeur à l'Académie de peinture la même année. Au mois de février 1827, il fut assailli, en se rendant chez M. le baron Gérard, par un assassin qui le blessa grièvement à la tête; mais heureusement cet événement n'a point eu de suites aussi fâcheuses qu'on aurait pu le craindre. M. David est rendu à la sculpture, qui le compte pour son plus digne soutien.

Pour finir par quelques détails sur son physique, nous dirons qu'il est de taille médiocre, que ses cheveux sont blonds, ses yeux bleus, que son teint est animé; sa tête est forte, comme doit l'être le moule de tant de colosses.

M. L'ABBÉ GRÉGOIRE.

Le comte Henri GRÉGOIRE naquit le 4 décembre 1760, à Véro, près de Lunéville. Ses premières études eurent pour objet le droit public et la littérature. Très-jeune encore, il obtint une couronne à l'académie de Nancy pour un petit ouvrage intitulé : *Éloge de la Poésie.* Plus tard, ayant embrassé l'état ecclésiastique, il fut nommé à la cure d'Ambermesnil en Lorraine, et publia un *Essai sur l'amélioration de l'état des Juifs,* qui attira sur lui l'attention publique. Envoyé aux états-généraux par le clergé de sa province, il fut un des premiers à se réunir au tiers-état, et assista au serment du jeu de paume. Dans les assemblées constituante et législative, il siégea toujours à gauche.

Le 21 septembre 1792, Collot-d'Herbois émit le premier, dans la séance de ce jour, le projet d'abolir la royauté ; mais M. Grégoire fut celui qui l'énonça avec plus de force. « Certes, dit-il, personne de nous ne proposera jamais de conserver en France la race funeste des rois. Nous savons trop bien que toutes les dynasties n'ont jamais été que des races dévorantes qui ne vivaient que de chair humaine. Mais il faut pleinement rassurer les amis de la liberté. Il faut détruire ce talisman dont la force magique serait propre à stupéfier encore bien des hommes. Je demande donc que, par une loi solennelle, vous consacriez l'abolition de la royauté. » Un membre ayant proposé de discuter cette proposition, M. Grégoire reprit vivement la parole : « Eh ! qu'est-il besoin de discuter, dit-il,

16

quand tout le monde est d'accord? Les rois sont, dans l'ordre moral, ce que les monstres sont dans l'ordre physique. Les cours sont l'atelier des crimes et la tanière des tyrans. L'histoire des rois est le martyrologe des nations. Dès que nous sommes tous également pénétrés de cette vérité, qu'est-il besoin de discuter? » Ce fut apparemment ce zèle qui procura à M. Grégoire l'honneur d'être nommé, peu après, président de la convention nationale. Il y prononça, le 15 novembre 1792, un discours sur un jugement mémorable. Voici les passages les plus remarquables de ce discours : « La postérité s'étonnera sans doute qu'on ait pu mettre en question si une nation entière a le privilége de quiconque délègue, et si elle peut juger son premier commis. Il y a seize mois aujourd'hui, qu'à cette tribune, j'ai prouvé que Louis XVI pouvait être mis en jugement. J'avais l'honneur de figurer dans la classe peu nombreuse de patriotes qui luttaient, mais avec désavantage, contre la masse de brigands de l'assemblée constituante. » L'orateur réfute le principe de l'inviolabilité du roi, puis il continue ainsi : « La royauté fut toujours pour moi un objet d'horreur; mais Louis XVI n'en est plus revêtu. Je me dépouille de toute animadversion contre lui, pour le juger d'une manière impartiale; d'ailleurs, il a tant fait pour obtenir le mépris, qu'il n'y a plus de place à la haine.... Rappelez-vous toutes ses perfidies, et voyez s'il n'a pas réduit l'art de la contre-révolution en système, et s'il ne fut pas toujours le chef des conspirateurs... Quel homme s'est joué, avec plus d'effronterie, de la foi des serments?... Ce digne descendant de Louis XI venait, sans y être invité, dire à l'assemblée, que les ennemis les plus dangereux de l'état étaient ceux qui répandaient des doutes sur sa loyauté. Il rentrait ensuite dans son tripot monarchique, dans ce château qui était le repaire de tous les crimes. Il allait avec Jésabel, avec sa cour, combiner et mûrir tous les genres de perfidie. »

» Grâces à Louis XVI et aux émigrés, plus que jamais l'u-

nivers saura ce que valent la parole d'un roi et la foi d'un
gentilhomme.... Quoi! celui qui s'efforça sans cesse d'égarer
l'opinion publique, d'avilir des législateurs, de paralyser la
volonté nationale, d'étouffer la liberté, de déchirer le sein de la
patrie, d'affamer, d'égorger un peuple qui avait accumulé les
honneurs sur sa tête, qui économisait des deniers de misère
pour l'assouvir, cet homme eût été le roi d'un peuple généreux! Non, il n'en fut jamais que le bourreau, et dès-lors il est
pour nous un prisonnier de guerre, il doit être traité comme un
ennemi.... Est-il un parent, un ami de nos frères immolés sur
la frontière ou dans la journée du 10 août, qui n'ait eu le
droit de traîner le cadavre aux pieds de Louis XVI, en lui
disant : Voilà ton ouvrage! Et cet homme ne serait pas ju-
geable! Législateurs, pourquoi donc êtes-vous ici?... Vos
commettants ne vous ont-ils pas chargés de prononcer sur
son sort?... L'histoire, qui burinera ses crimes, pourra le
peindre d'un seul trait. Aux Tuileries, des milliers d'hommes
étaient égorgés par son ordre; il entendait le canon qui vo-
missait, sur les citoyens, le carnage et la mort, et là il man-
geait, il digérait. Ses trahisons ont enfin amené notre délivrance... Il importe au bonheur, à la liberté de l'espèce
humaine que Louis soit jugé... La raison approche de sa ma-
turité ; elle sonne le canon d'alarme contre les tyrans... Tous
les monuments de l'histoire déposent que les rois sont la
classe d'hommes la plus immorale....; que cette classe d'êtres
purulents fut toujours la lèpre des gouvernements et l'écume
de l'espèce humaine. Dans toutes les contrées de l'univers, ils
ont imprimé leurs pas sanglants; des millions d'hommes, des
milliards d'hommes, immolés à leurs querelles atroces, semblent, du silence des tombeaux, élever la voix et crier ven-
geance.... Qu'arriverait-il, si, au moment où les peuples vont
briser leurs fers, vous assuriez l'impunité à Louis XVI ?
L'Europe douterait si ce n'est pas pusillanimité de votre part.
Les despotes saisiraient habilement ce moyen d'attacher en-

coré quelque importance à l'absurde maxime qu'ils tiennent
leurs couronnes de Dieu et de leur épée, d'égarer l'opinion,
et de river les fers des peuples au moment où les peuples,
prêts à broyer ces monstres qui se disputent les lambeaux des
hommes, allaient prouver qu'ils tiennent leur liberté de Dieu
et de leurs sabres. L'impunité d'un seul homme serait un ou-
trage à la justice, un attentat contre la liberté universelle... »

Six jours après ce discours, M. Grégoire eut à répondre, en
qualité de président, aux députés des Savoyards nouvellement
conquis. Sa réponse fut fort applaudie dans l'assemblée. L'o-
rateur dit entre autres : « Dès l'origine des sociétés, les rois
sont en révolte ouverte contre les nations, mais les nations
commencent à se lever en masse pour écraser les rois... Il
arrive donc ce moment, où l'orgueil stupide des tyrans sera
humilié, où les négriers et les rois seront l'horreur de l'Europe
purifiée, où leur perversité héréditaire n'existera plus que
dans les archives du crime... Les efforts des rois sont le codi-
cile de la royauté... Les statues des Capet ont roulé dans la
poussière, elles se changent en canons pour les foudroyer s'ils
osaient relever la tête pour lutter contre la nation. Si quel-
qu'un tentait de nous imposer de nouveaux fers, nous les
briserions sur sa tête. La liberté ne périra chez nous que quand
il n'y aura plus de Français, et périssent tous les Français
plutôt que d'en voir un seul esclave ! »

Le 27 novembre 1792, le même orateur fit un rapport sur la
réunion de la Savoie à la France. Ce rapport fut très-goûté
dans la convention. Nous n'en citerons que ces phrases : « Les
peuples trouveront toujours en nous appui et fraternité, à
moins qu'ils ne veuillent remplacer les tyrans par des tyrans.
Car, si mon voisin nourrit des serpents, j'ai droit de les étouffer par la crainte d'en être victime... Le sort en est jeté, nous
sommes lancés dans la carrière. Tous les gouvernements sont
nos ennemis, tous les peuples sont nos amis. Nous serons dé-

truits, ou ils seront libres. Ils le seront, et la hache de la liberté, après avoir brisé les trônes, s'abaissera sur la tête de
quiconque voudrait en rassembler les débris. »

Au mois de janvier 1793, lors du jugement de Louis XVI,
M. Grégoire était absent. Il avait été envoyé en Savoie pour
y organiser la révolution. Voici la lettre qu'il écrivit de Cham-
béry à la convention, et qui fut signée par ses trois collègues,
Hérault, Simon et Jagot : « Nous apprenons par les papiers
publics que la convention doit prononcer demain sur Louis
Capet. Privés de prendre part à vos délibérations, mais instruits, par une lecture réfléchie des pièces imprimées, et par
la connaissance que chacun de nous avait acquise depuis long-
temps des trahisons non interrompues de ce roi parjure ; nous
croyons que c'est un devoir pour tous les députés d'annoncer
leur opinion publiquement, et que ce serait une lâcheté de
profiter de notre éloignement pour nous soustraire à cette
obligation. Nous déclarons donc que notre vœu est pour la
condamnation de Louis Capet par la convention, sans appel
au peuple. Nous proférons ce vœu dans la plus intime convic-
tion, à cette distance des agitations où la vérité se montre sans
mélange, et dans le voisinage du tyran piémontais. »

Cette lettre est authentique. Elle a été copiée aux archives
sur l'original des procès-verbaux de la convention, et la copie
en a été certifiée par le garde des archives, feu Camus, ami de
l'auteur. D'ailleurs, M. Grégoire a lui-même reconnu cette
lettre, et l'a fait insérer en entier dans un petit écrit destiné à
persuader qu'il n'avait pas voté la mort de Louis XVI. Dans
cet écrit, qui est sous le nom de M. Moyse, évêque constitutionnel du Jura, et qui a été inséré dans les *Annales de la Religion* (de Desbois), tome 14, pages 35 et suivantes, on fait
cette question : « A quoi M. Grégoire voulait-il que Louis XVI
fût condamné ? » et on répond : « A l'existence. » Plus bas,
l'auteur répète que M. Grégoire « voulait que Louis XVI fût

condamné à vivre. » Il faut être de bon compte ; cette expli-
cation ne paraît pas très-concluante, et sans la gravité du sujet, on la prendrait pour une mauvaise plaisanterie.

À l'appui de son apologie, M. Moyse, dans l'écrit que nous
venons de citer, rapporte un passage du discours de M. Grégoire, du 15 novembre 1792, dont nous avons déjà donné
quelques extraits. Voici ce passage, qui paraît en effet atté-
nuer le vote de M. Grégoire : « Et moi aussi je réprouve la
peine de mort, et je l'espère, ce reste de barbarie disparaîtra
de nos lois. Il suffit à la société que le coupable ne puisse plus
nuire. Assimilé en tout aux autres criminels, Louis Capet
partagera le bienfait de la loi, si vous abrogez la peine de
mort. Vous le condamnerez alors à l'existence, afin que l'horreur de ses forfaits l'assiége sans cesse, et le poursuive dans le
silence de la solitude. » M. Moyse conclut de là, que son collègue n'a *condamné Louis XVI qu'à vivre*. Mais dans ce passage
même, M. Grégoire ne parle pas formellement contre la mort
de l'accusé. Il dit que Louis *partagera le bienfait de la loi, si on
abroge la peine de mort*. Mais si on ne *l'abroge* pas, Louis, qui
est *assimilé en tout aux autres criminels, doit subir le même sort
qu'eux*. Or, au mois de janvier 1793, quand M. Grégoire écrivit sa lettre, la peine de mort n'avait pas été abrogée. Il le savait. Le roi devait donc, dans les principes de l'auteur, être
*assimilé en tout aux autres criminels, et subir le même sort
qu'eux*. Le *condamner* alors, c'était donc le destiner à la même
peine, d'autant mieux que l'auteur a soin d'écarter l'appel au
peuple, qui avait été invoqué pour sauver Louis.

Au surplus, M. Grégoire a pris lui-même la peine d'éclair-
cir la question, et de mettre dans le plus grand jour son sentiment sur le jugement de Louis XVI. Il a composé, en l'an 2,
après la mort du Roi, un petit écrit, intitulé : *Essai historique
et patriotique sur les arbres de la liberté*. Le nom de l'auteur y
est en toutes lettres, avec sa qualité de *membre de la convention
nationale*. Or, dans cet écrit, M. Grégoire rappelle plusieurs

fois, quoique sans beaucoup de nécessité, la fin tragique de Louis XVI, et la manière dont il en parle n'est pas tout à fait d'un homme qui déplorât cette fin. Il dit, par exemple : « Tout ce qui est royal, ne doit figurer que dans les archives du crime. La destruction d'une bête féroce, la cessation d'une peste, la mort d'un roi, sont pour l'humanité des motifs d'allégresse. Tandis que par des chansons triomphales nous célébrons l'époque où le tyran monta sur l'échafaud, l'Anglais avili porte le deuil anniversaire de Charles Ier, l'Anglais s'incline devant Tibère et Séjan.... »

Quelques lignes plus bas, l'auteur dit : « Ah ! qu'ils ne se découragent point (les patriotes anglais) ; qu'ils aient une marche intrépide et concertée. La massue de la vérité est en leurs mains. Avec elle ils terrasseront les brigands de la cour de Saint-James, et planteront sur les cadavres sanglants de la tyrannie l'arbre de la liberté, qui ne peut prospérer s'il n'est arrosé du sang des rois. » Assurément, M. Grégoire ne pouvait manifester d'une manière plus précise et plus franche son sentiment sur la mort des rois. Il poursuit ainsi : « La main impure de Capet avait déshonoré un arbre planté dans le Jardin national au nom de la liberté qu'il voulait assassiner ; la convention a autorisé à le renverser.... Alors ils (les peuples) courront aux armes pour exterminer jusqu'au dernier rejeton de la race sanguinaire des rois. »

Enfin, l'auteur s'explique avec non moins de force encore dans ce curieux passage, le dernier que nous ayons à citer : « Aristogiton, que Thucydide et Lucien nous peignent comme le plus pauvre et le plus vertueux de ses concitoyens, comme un vrai *Sans-Culotte*, de concert avec son ami Harmodius, tua le *Capet* d'Athènes, le tyran Pisistrate, qui avait à peu près l'âge et la scélératesse de celui que nous avons exterminé. » *Que nous avons exterminé !* Il est difficile d'être plus clair et plus énergique. Ainsi, nous croyons l'opinion publique suffisamment éclaircie sur la conduite du prêtre Grégoire dans le procès du malheureux Louis XVI.

Le 8 août 1793, l'assemblée nationale rendit un décret ainsi conçu : « Toutes les académies, sociétés scientifiques ou littéraires, patentées ou dotées par la nation, sont supprimées. Rapporteur de la commission, M. Grégoire motiva la suppression de l'académie française, principalement sur ce que Molière, Lesage, Dufresnoy, Pascal, Bourdaloue, Rousseau, Piron, Regnard, Helvétius, Diderot, Mably n'en furent pas membres. Si la même question se représentait aujourd'hui, l'honorable rapporteur pourrait joindre à cette liste le nom du premier poète du siècle. Il est certain que M. Grégoire donna une grande preuve de courage, lorsqu'au milieu du scandale de l'apostasie, seul, de tous les évêques conventionnels, il refusa de renoncer à sa foi, non pas qu'il ait confessé la religion à la façon des martyrs, mais enfin il résista ; tandis que le faible Gobel jouait l'athéisme par frayeur.

Quelques années se passent, et M. Grégoire devient plus tolérant ; il contribue de tous ses moyens à l'établissement du conservatoire des arts et métiers : insensiblement, ce fougueux républicain, rendu plus traitable, accepte avec reconnaissance un titre nobiliaire. Le voilà comte féodal, membre du corps législatif, silencieux représentant d'un peuple esclave. En 1819, nommé député d'un département qui, en cette occasion, abusa de la liberté constitutionnelle, il fut repoussé avec indignation du sein de la chambre élective.

BOLIVAR.

Simon Bolivar naquit à Caracas, en 1779, d'une famille
où la richesse et l'éducation étaient depuis long-temps héré-
ditaires. A peine en état de porter les armes, il servit dans les
milices de son pays ; mais bientôt entraîné par son goût pour
l'étude, et ne trouvant aucun moyen de le satisfaire, il passa
en Espagne avec la permission du gouvernement, et vint se
fixer à Bilbao, où habitait son oncle le marquis de Toro.
Bolivar menait la vie la plus tranquille et la plus régu-
lière, n'abandonnant ses livres que pour aller visiter quelques
amis ou la famille de son oncle. Le marquis avait une fille
dont les charmes firent impression sur le cœur de Bolivar, et
la cousine, en retour, ne fut pas indifférente aux soupirs de
son cousin. Thérésita, c'était le nom de la jeune espagnole,
fut accordée en mariage à son amant, et l'heureux Bolivar
s'empressa de conduire à Caracas sa jeune épouse, afin de la
présenter à sa famille. Bonheur éphémère ! soit fatigue de la
traversée, soit intempérie du nouveau climat, la fille du marquis de Toro avait à peine demeuré quelques semaines en
Amérique, et déjà elle n'était plus. Une profonde douleur
accablait l'âme de son époux ; dans toutes les lettres qu'il
adressait à ses amis, il ne parlait que de son désespoir. Pour
étourdir un peu sa douleur, il vint à Paris.

A Bilbao, Bolivar s'était lié d'amitié avec le jeune Dehollain, envoyé en Espagne pour y étudier la langue du pays et
se former un peu au maniement des affaires commerciales. Ce

jeune homme, qui était alors de retour au milieu de sa famille, n'eût pas plus tôt appris la douleur de son ancien camarade et son arrivée à Paris, qu'il s'empressa de lui écrire, l'engageant à venir le trouver à Cambrai, et lui promettant toutes les distractions qui étaient en son pouvoir. Nous avons sous les yeux la réponse de Bolivar, écrite de sa main ; persuadés qu'elle ne sera pas sans intérêt pour nos abonnés , nous nous empressons de la copier, en conservant textuellement l'orthographe :

Paris le 4 de Aout 1804

A Monsieur Alexandre Dehollain à Cambrays

Mon chere ami Dehollain : j'ai reçu votre lettre du 29 julliet par la quelle vous me faite part de votre arrivée auprès des vos parens : je partage avec vous cette satisfaction et vous en félicite du fond de mon cœur , pussiéz vous en jouir aussi long temps que je le desire et ne quitter un séjour si agréable, qu'après avoir épuisé les sources de ce charment asile de vôtre bonheur.

Le silence de mon peis , et la monotonie qu'y régne avet portét à mon ame l'ennuy le plus térrible ; et même le déséspoir : c'est pour qois j'ai quité le sin de ma famille pour venir à cette capitale à me distrere et peut être si j'allet chéz vous , retomberét dans mon chagrin , qoique votre société me est duce et infiniment consolente. Paris me plait, et sependant, je ne suis pas content. Il me semble que le maluer ne veu pas me desemparer. En fin : je te souéte le bonheur dont je ne pui geuter et soyéz persuadé de ma sincere amitie.

Votre trés tataché

BOLIVAR.

Les spectacles, les bals et les maisons de plaisirs étaient
pour Bolivar le fleuve du Léthé. Descendu à l'hôtel des Lil-
lois, rue Richelieu, il y menait grand train, ayant à son service domestiques, remise et beaux appartements. Les plaisirs
délicats, et surtout la société des femmes aimables, coûtent
un peu cher à Paris. Le jeune Américain augmenta encore
ses dépenses, en visitant l'Angleterre, l'Italie et une partie
de l'Allemagne, dans la société de M. de Humboldt. De retour
dans la capitale, il s'aperçut que l'argent venait à manquer, et
qu'il était prêt à *retomber dans son chagrin*. Alors il se souvint
de son ami de Bilbao, afin d'obtenir de lui la somme nécessaire pour retourner à Caracas. Il avait amené avec lui et
placé à l'école de Sorèze deux fils de son frère aîné, don Juan
Vicente ; il fallait payer leur pension, et les fonds à ce destinés
avaient passé ailleurs. La générosité de M. Dehollain vint au
secours de son ancien ami : il lui prêta une somme assez forte,
et Bolivar partit, en lui disant : *Mi reconocimento sera eterno*.
Comme l'Angleterre était alors en guerre avec l'Espagne, il
ne put traverser ce dernier pays, et s'embarqua à Nantes sur
un vaisseau américain, qui faisait voile pour Charlestown.

De retour en Amérique, Bolivar écrivit à son bienfaiteur,
lui promettant de lui faire tenir son argent aussitôt arrivé à
Caracas, soit en billets, soit en denrées coloniales. M. Du-
bollain attendit : un an se passe, point de nouvelles de Bolivar ; deux ans, cinq ans sont écoulés, et les promesses ne re-
çoivent aucune exécution. Sans doute, disait le créancier,
mon ami sera mort en allant de Charlestown à Caracas. Voilà
qu'au mois de mars 1812, le bruit se répand en France que le
colonel Bolivar, à la tête d'un corps de six mille indépendants,
traversant les montagnes de Tunza et de Pamplona, était arrivé
jusqu'aux limites de la Nouvelle-Grenade, sur les bords de la
Tachira ; qu'après avoir défait quelques partis royalistes, il
avait marché sur Ocana, pour pénétrer de ce côté dans le
pays de Vénézuéla ; qu'il avait attaqué l'ennemi à Cuenta,

l'avait mis en déroute et s'était emparé du département de Mérida. A cette nouvelle, M. Dehollain crut avoir retrouvé les sommes qu'il avait avancées. Apprenant que l'Amérique avait envoyé à Londres un chargé d'affaires, il passa en Angleterre, et ayant obtenu une audience du ministre américain, il lui remit des lettres que celui-ci se chargea de faire tenir au général Bolivar : ces lettres demeurèrent sans réponse.

Les Espagnols et les indépendants ne respectaient nullement le droit des gens dans la guerre qu'ils se faisaient. Les royalistes avaient donné les premiers l'exemple de la cruauté, Bolivar ne voulut pas montrer moins de barbarie que ses ennemis ; tous les prisonniers étaient traités inhumainement, et n'obtenaient la mort qu'au milieu des plus horribles supplices. Puerto Cabello fut assiégée par les troupes des indépendants, et fut bientôt réduite en leur pouvoir. Je dois rapporter un fait assez curieux qui se passa à ce siége, et qui prouve non moins l'admirable esprit des insurgés, que le pouvoir presque absolu du général en chef sur les troupes qu'il commandait. Un bataillon entier n'avait pas satisfait Bolivar dans la manière dont il avait repoussé l'attaque d'un corps de troupes ennemies, et pour cette raison avait reçu l'ordre de déposer ses armes : les soldats obéirent sans faire entendre aucune plainte, et conservèrent toutefois le même ordre et la même discipline qu'ils avaient auparavant. A la première bataille, ils demandèrent la permission de marcher à l'ennemi, n'ayant d'autres armes que des bâtons en forme de piques, et se précipitèrent sur un régiment espagnol qu'ils culbutèrent, et auquel ils enlevèrent ses sabres et fusils. Le général leur permit de conserver ces armes. A la suite de cette victoire, les habitants de Caracas, s'apercevant que la dictature confiée à Bolivar se consolidait de manière à inquiéter les amis de la liberté, lui donnèrent l'ordre de rendre ses comptes, et de déposer l'autorité souveraine entre les mains de leurs magistrats ; il obéit après quelques hésitations, et contents de son obéissance, les notables de la ville l'engagèrent à conserver encore la direction des affaires publiques avec le commandement des armées.

Incapable de combattre des hommes libres qui préféraient la mort à de nouvelles chaines, le parti espagnol imagina d'armer contre eux des esclaves et des brigands. A leur tête fut placé ce terrible Puy, dont le nom seul signifiait dans les campagnes le carnage et l'incendie. Ce brigand arrive à Barinas et fait égorger cinq cents habitants ; il s'apprêtait à poursuivre le cours de ses assassinats, lorsque Bolivar entre dans la ville et chasse les royalistes ; apprenant bientôt les massacres qui viennent d'avoir lieu, il ne peut commander à son indignation, et livre à la fureur de ses soldats les prisonniers qu'il a faits : huit cents de ces malheureux sont massacrés dans l'espace d'une heure. En revanche, on égorge à Puerto-Cabello quinze cents prisonniers pris aux indépendants. Guerres atroces, qui se passent dans le fond des cachots entre des bourreaux et des hommes sans défense.

Aucun succès marqué ne laissait espérer de voir un terme à ces fureurs réciproques, et vraisemblablement la guerre ne devait finir qu'avec les deux armées qui, tour à tour, obtenaient la victoire ; fatigués des sacrifices qu'exigeait la conquête de la liberté, ces habitants commençaient à témoigner quelque dégoût pour la cause de l'indépendance, et l'armée de Bolivar trouvait avec peine à se recruter. Bientôt le découragement s'empare de ses troupes elles-mêmes ; elles ne sont plus animées de ce feu de liberté, qui renverse tous les obstacles. Un combat s'engage dans les plaines de Cura, et la cavalerie espagnole poursuit les troupes des indépendants mises en déroute : la Guayra, Caracas et Puerto-Cabello, sont abandonnées. Une seconde fois battu dans les champs d'Araguita, Bolivar se réfugie à Carthagène, et laisse le commandement de ses troupes aux généraux Berumdez et Rivas, qui ne furent guère plus heureux que lui.

L'Espagne envoya alors une expédition contre les révoltés, et comme il importait fort de s'emparer du chef des indépendants, lorsque la flotte arriva en vue de Carthagène, Bolivar abandonna cette ville, et s'étant rendu au congrés de la Nouvelle-Grenade, il se mit à la tête de quelques troupes. L'expédition espagnole était commandée par un homme alors sans réputation, Morillo, depuis comte de Carthagène, grand'croix de l'ordre de St-Ferdinand, lieutenant-général. Né dans la province de Toro, à Fuente de Malva, Morillo appartient à une famille obscure; il paraît même que dans sa jeunesse il n'avait eu d'autre occupation que celle de garder les troupeaux; mais la révolution française a fait sortir de leur obscurité une foule de génies inconnus, qui, enfouis dans la classe du peuple, ne demandaient qu'une occasion pour montrer leur supériorité sur la foule inutile des courtisans, qui partout avait le monopole des hauts emplois. A cette époque Morillo n'était qu'un sergent de marine remarquable par sa valeur et sa présence d'esprit. A la journée de Trafalgar, monté sur un vaisseau dont un boulet emporte le pavillon à la mer, il se jette à la nage, saisit le pavillon et le rapporte à son bord. Jusqu'à l'invasion de Bonaparte, il fut à peu près inconnu. Un ouvrage intitulé *Galerie espagnole, ou Notices biographiques sur les membres des cortès et leur gouvernement, les généraux en chef et commandants de guérillas, des armées constitutionnelles et de la foi,* rapporte l'anecdote suivante : « En mars 1809, Morillo investit avec ses guerillas encore indisciplinées, la place de Vigo, qui, n'ayant pour garnison que des employés d'administration et des soldats convalescents, fut aisément réduite aux dernières extrémités. Cependant le commandant français M. Ch. refusait obstinément de se rendre à un corps de partisans et ne voulait traiter qu'avec un officier ayant un rang au moins égal au sien. Morillo imagina de supposer son avancement, fut ensuite annoncer lui-même au gouvernement la conquête qu'il avait faite, l'artifice auquel elle l'avait obligé, et en reçut la confirmation du grade dont il lui avait fallu prendre les décorations pour entrer à Vigo ; cet incident avait contribué à le faire colonel. » Quoi qu'il en soit de la vérité de cette anecdote, on peut dire que Bolivar avait affaire à un ennemi non moins habile que brave ; aussi avec un tel chef la victoire sembla-t-elle se fixer sous les drapeaux des Espagnols : déjà la cause des indépendants paraissait perdue, et, plein de confiance dans ses succès, Morillo semblait n'avoir plus à combattre qu'une armée de malades et de mourants. Cet excès de présomption releva le parti de la liberté et le fit triompher.

Le 31 décembre 1817, Bolivar ayant avec lui 7 à 8 mille hommes, s'empare du camp ennemi, et secondé par quelques renforts venus d'Angleterre, il attaque Caloboso et s'en empare. Mais le lendemain de cette victoire il courut les plus grands risques pour ses jours. Un colonel de son armée, nommé Lopez, promit aux Espagnols de leur livrer le chef des insurgés : il pénétra dans sa tente suivi de douze hommes, et il était sur le point de s'en emparer, lorsque Bolivar ayant entendu quelque bruit, s'échappa en chemise, et rejoignit ses troupes, dont on l'avait séparé à dessein. Pendant ce temps un de ses lieutenants, le général Marino, avait pris Cariaco, et l'amiral Brion, après avoir dispersé la flotte des ennemis, avait fait entrer dans l'Orénoque 20 pièces de canon, 11,000 fusils et beaucoup de munitions.

Voyant que la guerre prenait une tournure si brillante, Bolivar entreprit de fonder sur une constitution les résultats de tant de sacrifices supportés pour la sainte cause de la liberté. Le 15 février 1819, il abdiqua la dictature, et ouvrit à Augustura, le congrès de Vénézuéla : à cette assemblée on le supplia, dans l'intérêt public, de conserver quelques temps encore le pouvoir suprême, et il y consentit. Après avoir recruté son armée de tous les jeunes gens du pays en état de porter les armes, il se mit en route pour aller chercher dans la nouvelle Grenade, le général Mórillo, retranché dans l'île d'Achagure.

Cependant, l'ami de Bolivar, ce M.° Dehollain dont nous avons déjà parlé, apprenant que ce général célèbre était à la tête des affaires de son pays, crut le moment favorable tant pour aller réclamer les sommes qui lui étaient dues, que pour renouer les liens d'une amitié de jeunesse. En conséquence, il partit pour l'Amérique, et en mettant le pied sur cette terre nouvelle, il apprit que Bolivar était à Caracas, avec son armée. Dirigeant donc sa route vers ce pays, il y arriva sain et sauf, mais avec le déplaisir d'apprendre que le libérateur (c'est le nom qu'on donnait à Bolivar) était parti depuis trois semaines. Du reste, le général était fort mal en argent, car avant de quitter Caracas, il avait été obligé pour payer son armée, de lever sur les habitants une contribution volontaire. Caracas attendait tous les jours le retour de Bolivar, et tous les jours il s'éloignait davantage. Enfin, après avoir demeuré plusieurs mois dans cette ville, M. Dehollain l'abandonna en apprenant que le libérateur était à plus de trois cents lieues, et qu'il se proposait de marcher encore en avant.

Dans tout le pays de Vénézuéla, la marche de Bolivar était un continuel triomphe. Le congrès déclara que les provinces conquises seraient réunies sous le nom de république de Colombie, et que l'on construirait une nouvelle capitale qui porterait le nom de Bolivar. Mais le général instruit des changements qui s'étaient opérés en Espagne, fit proposer à Morillo des accommodements que celui-ci accepta avec empressement. Les commissaires chargés de poser les bases du traité se réunirent à Truxillo, et il fut conclu un armistice qui reconnaissait la république de Colombie, et Bolivar pour son chef suprême.

Comme nous ne pourrions que répéter depuis cette époque ce que tous les journaux ont rapporté, nous bornerons là cette notice biographique.

M. MICHEL BERR.

Né à Nancy en 1780, M. Michel Berr est fils d'un ancien conseiller municipal de cette ville, l'un des premiers israélites qui réalisèrent en propriétés foncières une fortune honorablement acquise. Après avoir reçu des leçons d'un israélite que son père lui avait fait venir de Berlin, il se voua le premier de ses co-religionnaires à la profession d'avocat. Ses débuts à la Cour criminelle de Nancy eurent le plus grand éclat, et, le premier, il préluda ainsi pas d'heureux essais au succès constant qu'obtiennent aujourd'hui, dans la même carrière, plusieurs de ses jeunes co-religionnaires. Mais bientôt d'autres circonstances le portèrent à embrasser la carrière littéraire et celle de l'administration. Ses ouvrages qu'il a publiés l'ont fait nommer membre de la société royale des antiquaires de France, de la société philotechnique de l'athénée des arts de Paris ; des sociétés académiques de Nancy, Metz, Strasbourg, Nantes, Caen, Cambray, Niort, Poitiers ; et, à l'étranger, de Goëtingue et de Mayence.

Son premier ouvrage intitulé : *Appel à la justice des Nations et des Rois*, fut publié en 1801, à Strasbourg. Dans cette production de sa première jeunesse, M. Michel Berr entrait dans la carrière que depuis il a suivie avec persévérance, et réclamait pour les israélites de l'Europe cette égalité politique dont alors les juifs français avaient encore été les seuls à jouir, et qui malheureusement n'est encore o'tenue que dans un petit nombre des états européens. Dans le texte même de l'ouvrage, comme dans les notes dont il était accompagné, il donna sur l'antique législation de Moïse, considérée sous tous les points de vue divins et humains, des aperçus qui avant et depuis furent développés dans des ouvrages plus considérables.

Le second écrit de M. Michel Berr fut une notice littéraire et historique sur le livre de Job, avec la traduction en prose poétique des principaux chapitres de ce livre *antique*; elle fut insérée, d'abord par extrait, dans les mémoires de l'académie de Nancy, où il venait d'être admis; et lors de son premier voyage à Paris, il la fit insérer en entier dans le magasin encyclopédique du savant Millin. Le succès de cette notice et de plusieurs autres morceaux qui parurent à la même époque, dans le journal dont nous venons de parler, et dans la *Décade philosophique*, fut tel, que la classe d'histoire et de littérature ancienne de l'Institut donna dans plusieurs scrutins à M. Michel Berr un grand nombre de suffrages pour le titre de correspondant.

A la même époque, l'existence civile et politique des israélites fut un instant menacée par la suite des plaintes qui, dans quelques contrées s'élevaient encore contre l'usure. Mais bientôt après, animé de sentiments tout opposés, Napoléon convoqua une assemblée de députés israélites nommés par les préfets, et chargés de proposer les moyens d'améliorer en France l'état social et civil des juifs. M. Berr qui se trouvait à Paris à cette époque, y avait épousé la digne fille de M. Bing, israélite français distingué. Il s'acquit une très-grande estime dans cette assemblée, où des israélites distingués des départements le virent arriver avec plaisir. Il donna la traduction d'odes juives que firent paraître, au sujet de cette convocation extraordinaire, quelques hébraïsants instruits. Il fut membre des principales commissions, et fut désigné pour remplir les fonctions de secrétaire dans l'assemblée religieuse qui, sous le nom de Sanhedrin, fut chargée de convertir en décisions doc-

trinales les réponses de l'assemblée aux questions du gouvernement.

Lorsque les deux assemblées israélites eurent fini leurs travaux, et que le culte juif eut reçu une organisation par le gouvernement, M. Michel Berr se fixa momentanément à Metz, dans la famille de sa femme. Le vœu spontané de ses nouveaux concitoyens le porta et le fit nommer au collége électoral de l'arrondissement de Metz. Il publia dans cette ville la traduction de l'*Appréciation du monde*, ouvrage hébreu du XIIIe siècle. L'établissement du royaume éphémère de Westphalie, donna à deux hommes d'état chargés de son administration, l'occasion de lui témoigner leur bienveillance. Il se rendit à Cassel, et fut appelé à remplir les fonctions de chef de division au ministère de l'intérieur. Il retourna dans sa patrie après s'être lié d'amitié avec ses co-religionnaires les plus célèbres d'Allemagne, que les circonstances avaient réunis dans ce moment à Cassel, et après avoir reçu les témoignages de la bienveillance de Jean Muller, le Tacite de l'Allemagne. Riouf venait d'être appelé à la préfecture de la Meurthe : sa famille avait connu M. Michel Berr à Paris, dans la maison du respectable Bitaubé. Il le fit nommer rédacteur à la préfecture. Devenu membre résident de l'académie de Nancy, M. Michel Berr prit une part active à ses travaux. Le rapport qu'à cette époque il fut chargé de faire sur les monuments archéologiques du département de la Meurthe, et qui lui fut confié à la fois par la préfecture et par la société académique, a été envoyé au ministère de l'intérieur, et le fit plus tard admettre à la société royale des antiquaires de France.

Depuis la restauration, c'est dans la capitale que M. Michel Berr a continué de parcourir la carrière des travaux et des emplois littéraires. Le *Mercure de France*, et le *Mercure Etranger* qu'illustraient, à cette époque, l'Anglès, Boufflers, Ginguené, Andrieux, Amauri Duval, devinrent le théâtre où il exerça ses talents ; il y publia un grand nombre d'articles, parmi lesquels on remarqua surtout au *Mercure de France*, un apologue en vers, *le Hibou* et *les Oiseaux*, contre les détracteurs des idées libérales, quelques autres pièces de poésie, un article sur les libertés des cultes, où, après avoir développé les principes sur lesquels cette liberté doit être établie, il défendit à la fois ses co-religionnaires, les catholiques d'Irlande et les chrétiens de l'Orient, et une notice sur Charles Villers, son compatriote et son collègue ; dans le *Mercure Etranger*, des articles sur les principaux écrivains de l'Allemagne, et les ouvrages de Mme de Staël ; une notice sur Maymonide, célèbre philosophe du XIIIe siècle, sur Harvig Weslis de Berlin, poëte hébreu de la fin du XVIIIe siècle, notice dont, en lui donnant des développements pleins d'intérêt, il fit plus tard un article remarquable dans la Biographie Universelle. Après la deuxième restauration, M. Michel Berr, demeuré en dehors de toute position administrative, commença à l'athénée-royal de Paris, un cours de littérature allemande, où il eut l'occasion de déployer toute sa franchise, toute l'indépendance de ses opinions politiques et littéraires.

Bientôt après le ministre de l'intérieur, alors M. Decazes, l'appella aux fonctions de traducteur des gazettes allemandes au ministère. Au milieu de ses travaux d'un intérêt général, les intérêts moraux et sociaux de ses co-religionnaires ne cessèrent pas d'être l'objet de ses sollicitudes ; il renouvela encore aux congrès de Vienne et d'Aix-la-Chapelle, en faveur de leur émancipation politique, les éloquentes réclamations qu'autrefois il avait fait entendre à celui de Lunéville. Dans un article que le *Constitutionnel* signala aux applaudissements publics, il flétrit avec l'accent de l'indignation une mesure inique du sénat de Francfort, qui assujettissait les juifs de cette ville aux devoirs de cité, en les dépouillant de leurs droits ; et dans un autre morceau non moins remarquable, il fit connaître les vrais motifs d'une persécution nouvelle et générale qui venait de s'élever contre les juifs en Allemagne, et les moyens d'y améliorer leur sort.

Dans une brochure, à laquelle le suffrage unanime des hommes éclairés donne la palme sur toutes les autres productions de l'auteur, sous le double rapport du talent et de l'érudition, il réfuta avec non moins de succès l'étrange erreur d'un écrivain ingénieux et distingué, M. l'abbé de Pradt, qui avait avancé dans un de ses plus célèbres ouvrages, *les quatre Concordats*, que les juifs anciens ne croyaient pas, et que les juifs actuels ne croient pas au dogme de l'immortalité de l'âme; il y retrace avec autant d'intérêt que d'impartialité, l'introduction successive des dogmes de la résurrection des morts, de la spiritualité et de l'immortalité de l'âme chez les juifs du premier et du second temple, de la première et de la seconde dispersion.

Le Pilote, *l'Argus*, *le Panorama Parisien*, et quelquefois *le Constitutionnel* devinrent le théâtre où il défendit sans relâche la cause des israélites. Mais non content d'avoir défendu leurs droits sociaux, il voulut aussi porter des lumières utiles dans tout ce qui pouvait contribuer à réformer les abus intérieurs du culte, le mettre en harmonie, sans violer ses principes, avec l'état de la société et la marche de l'esprit humain; faire disparaître les dernières traces de l'abaissement et de l'oppression, et prévenir l'incroyance en détruisant la superstition. Dans cet honorable but, il publia plusieurs écrits remarquables : joignant l'exemple à la recommandation, il publia un *Abrégé de la Bible*, et un *Choix de morceaux de piété et de morale*, à l'usage des israélites de France, avec une préface où il développait les motifs qui lui faisaient attacher de l'importance à ce travail, et le plan d'après lequel il l'avait fait. Il y faisait sentir pour la première fois la nécessité d'introduire la prédication et la langue nationale dans le culte israélite, en un israélitisme français, par la réunion des rits allemand et portugais; des juifs originaires du Nord et du Midi.

Depuis que M. Berr a cessé d'être attaché au ministère de l'intérieur, des travaux littéraires, sérieux et utiles étaient à la fois dans ses goûts et dans ses devoirs; admis avec nos philologues et nos écrivains les plus distingués à la coopération des chefs-d'œuvres des théâtres étrangers, il donna à l'éditeur de ce recueil la traduction de plusieurs pièces allemandes, entre autres la célèbre tragédie de *Martin Luther, de Vernès ;* la préface et les notes dont elle est accompagnée sont une de ses productions qui lui font le plus d'honneur pour le mérite, l'impartialité et l'érudition. C'est pendant que M. Michel Berr composait les notes qui suivent sa traduction, qu'on apprit la mort de Werner, à Vienne, dans l'ordre des jésuites, dont il avait embrassé la règle. Les journaux littéraires de l'Allemagne joignirent leurs éloges pour le travail de M. Michel Berr, à ceux des journaux français, et l'un d'eux fit l'observation assez remarquable qu'une pièce dont Luther était le héros, avait été composée par un écrivain qui s'est fait catholique, et traduite par un littérateur israélite. Le journal de la société asiatique inséra de lui un morceau sur la littérature hébraïque moderne, et qu'il avait accompagné de la traduction de la *prière* universelle de Pope. Le baron de Ferussac l'appela aussi à coopérer au bulletin des sciences philologiques et historiques, dans le bulletin universel des sciences et de l'industrie.

Dans la *Galerie des Contemporains* , dans celle des *Contemporaines célèbres* et la *Biographie Universelle* de MM. Michaud, il a publié des notices sur des personnages connus, entre autres Wasington et M. B. Constant dans le premier de ses ouvrages, la princesse Constance de Salm dans le second, et Artwitz Veselis dans le troisième.

Lors d'un voyage qu'après plusieurs années d'absence M. Michel Berr fit à Nancy, sa ville natale, il prononça à l'académie un discours dans lequel il faisait remarquer avec une grande justesse de vue, que la littérature française aurait acquis plus d'originalité, d'indépendance et de nationalité, si elle avait été cultivée dans toutes les diverses parties de la France, au lieu de l'être seulement avec éclat dans une brillante capitale.

Ayant eu l'occasion de se rendre à Bruxelles, il fut chargé par l'un des principaux éditeurs de cette ville d'une traduction française, avec quelques changements et modifications, du célèbre ouvrage allemand intitulé : *Conversation Lexicon*, et auquel il donnait en français le titre de *Dictionnaire encyclopédique des hommes et des choses, à l'usage des gens du monde*. Il en composa à peu près le premier volume, mais l'inconstance et les caprices de l'éditeur le firent renoncer à cette utile entreprise pour se livrer à d'autres publications.

Les journaux du pays insérèrent de lui plusieurs articles de politique, qui ne démentaient en rien sa manière ordinaire, et lui valurent des témoignages particuliers d'estime de la part des hommes de lettres les plus distingués et des professeurs les plus savants des Pays-Bas.

Il reçut aussi de plusieurs israélites revêtus dans cette heureuse et libre contrée de fonctions importantes et proportionnées à leurs talents distingués, dont l'un avait déjà cultivé son amitié à l'époque du grand Saugedrice en venant adhérer à ses décisions, les témoignages précieusement conservés par lui de leur haute estime et de leur reconnaissance ; enfin il fit publier à Bruxelle et en Hollande, avant son départ de ce pays, le prospesctus d'une traduction verlandaise de son *Abrégé de la Bible et choix de morceaux de piété et de morale*, par un jeune israélite verlandais. De nombreuses souscriptions accueillirent aussitôt l'annonce de ses traductions qui se fera sans doute sur la seconde édition de l'ouvrage, à Metz.

Dans les sociétés académiques de Metz et de Nancy, il a développé des vues et des recherches sur l'ancien idiôme lorrain, et l'époque et les circonstances de sa disparition. Il en fera le sujet d'une dissertation pour les séances et les mémoires de la société royale des antiquaires de France.

Lors de l'avénement du ministère actuel, toujours occupé des intérêts de sa religion, il s'empressa de remettre à l'homme d'état et savant illustre chargé de la direction des cultes non catholiques, un mémoire approfondi sur l'état du culte israélite en France, les abus qui s'y sont glissés, les moyens d'y porter remède. Dans nos principaux journaux judiciaires et littéraires, au sujet des procès dont retentissaient les tribunaux, entre les principaux consistoires israélites et un grand nombre de leurs contribuables, il développa avec une nouvelle force les vices et les abus dont il avait tant de fois signalé la gravité, et proposa de nouvelles bases d'après lesquelles il pourrait être réorganisé. Des savants, des hommes de lettres et des artistes du culte israélite se joignirent aussitôt à l'expression de ses vœux, en y ajoutant, comme le leur, que l'accomplissement lui en soit confié.

Tant de travaux entrepris avec courage, et exécutés avec bonheur, recommandent M. Michel Berr à la considération et à l'estime publiques, et n'étaient quelques hommes que son mérite même a faits des ennemis, il n'est personne qui n'applaudît aux témoignages de bienveillance qu'il paraît attendre de l'administration nouvelle, comme récompense de son zèle philanthropique et de ses talents.

M. PICARD.

Picard (Louis-Benoît) est né à Paris en 1769. Ayant pour père un avocat distingué, pour oncle un médecin célèbre, il était difficile qu'il échappât à l'empressement qu'un homme, maître d'une carrière, éprouve à y pousser ceux sur lesquels il a droit de direction ou de conseil. Toutefois, grâce à une vocation puissante, et qui certes depuis a été suffisamment prouvée, il parvint à sortir sain et sauf de ce défilé, au bout duquel l'attendaient Esculape et Thémis, et il commença à s'occuper des travaux de son choix avec toute l'ardeur qu'on pouvait attendre d'un jeune homme qui avait, pour ainsi dire, conquis le droit de s'y livrer. Après les persécutions de la famille vinrent pour lui les tribulations dont les comédiens, les directeurs, les comités, ne manquent jamais d'entourer un jeune auteur lors de ses premiers pas. Grâce à l'amitié de Colin-d'Harleville et de M. Andrieux, il parvint à les surmonter : ce dernier se chargea de présenter au théâtre de *Monsieur* sa première pièce, *le Badinage dangereux.* Le succès en fut médiocre, mais suffisant pour lui laisser entrevoir une partie de son avenir. Après quelques autres ouvrages, représentés avec plus de retentissement, il fut saisi de la passion du théâtre, au point de devenir envieux de cette portion de gloire que l'acteur partage avec l'auteur dramatique : vivant d'ailleurs dans un temps où l'on revenait de bien des pensées, il n'hésita pas à monter sur la scène pour y devenir lui-même l'interprète de son talent, et réunit ainsi sur sa tête une double couronne.

Le théâtre Mareux, rue Saint-Antoine, le vit pour la première fois paraître en public. Bientôt après, il prit la direction du théâtre Louvois, et y débuta avec son frère, que son exemple avait entraîné. La gloire du comédien ne resta pas au-dessous de celle de l'auteur, et il n'eut qu'à se féliciter du parti qu'il avait pris. En 1801, l'Odéon fut placé sous sa direction, et malgré les travaux auxquels l'appelait la complication de ses fonctions administratives avec la composition et la représentation de ses ouvrages, c'est de cette époque que datent ses plus beaux succès. Cependant au bout de quelques années il renonça à la profession de comédien, qui prenait trop de place dans sa vie, et l'empêchait de réaliser toutes les idées dramatiques qui se présentaient à son esprit. En 1807, pour nous servir de la phrase d'usage, l'Institut lui ouvrit ses portes. Quelque temps après, Bonaparte, qui ne laissait aucun talent dans l'oubli, le décora de la croix de la Légion-d'Honneur (on ne l'avait pas alors pour trois vaudevilles), et lui confia l'administration du Grand-Opéra. En 1816, n'ayant pas cessé pendant tout cet intervalle d'augmenter le nombre de ses pièces, on pourrait presque dire de ses succès, il reprit la direction de l'Odéon. A la suite de l'incendie qui dévora ce théâtre et y suspendit pour un temps les représentations, il obtint qu'il fût rouvert avec le titre de Second Théâtre-Français, et à l'aide de cette extension de privilége, continua quelques années encore de le faire prospérer ; mais fatigué du métier de directeur, comme il l'avait été de celui de comédien, il résigna son autorité entre les mains d'un successeur. A dater de cette époque, malgré les efforts, peut-être grâce aux efforts des directeurs qui régnèrent après lui, l'Odéon entra en décadence, et il paraît avoir emporté sa fortune avec lui.

Rendu à la solitude de son cabinet, et tout entier à sa carrière littéraire à laquelle, du reste, au milieu de ses occupations les plus multipliées, il n'avait jamais manqué, M. Picard continua d'enrichir la scène d'un grand nombre d'ouvrages ;

(195)

les théâtres secondaires eurent même quelquefois part à ses
largesses, persuadé qu'il était, qu'hormis la forme ennuyeuse
dont au reste plusieurs de ses confrères de l'Académie se sont
réservé le monopole, toutes les formes étaient bonnes, lorsqu'elles étaient destinées à donner l'existence à une pensée
comique. De la comédie au roman de mœurs il n'y a qu'un
pas ; aussi, comme Lesage, M. Picard s'est exercé dans les
deux genres ; mais il ne lui était pas réservé, comme à son
illustre devancier, dans toutes les carrières où il se présente-
rait, de procéder par chef-d'œuvre. Il y a entre le *Gil-Blas
de la Révolution* et *Gil-Blas,* toute la distance qui sépare *Tur-
caret* de la pièce la plus médiocre de M. Picard, et la réputation du romancier n'a que bien peu ajouté à la renommée de
l'auteur comique. Celle-ci est établie sur des titres si nombreux, sur des succès souvent si éclatants, qu'il y aurait de
l'injustice à la méconnaître, et presque de l'audace à la mettre
en question. Une chose cependant digne de remarque, c'est
que de tous les ouvrages mis au théâtre depuis quarante ans
par M. Picard, à peine en est-il resté quelques-uns au réper-
toire, et sa carrière dramatique ressemble en quelque sorte à sa
vie, où les jours bons et mauvais se succèdent sans relâche,
l'un poussant l'autre, mais où jamais on ne retourne en ar-
rière ; et il est à croire que si sa prodigieuse activité ne l'eût
mis constamment à même d'entretenir et de réchauffer sa
gloire, elle eût duré moins que lui.

Du reste, cela s'explique : M. Picard fut moins un amant
passioné des triomphes de la scène qu'un coureur, si on osait
le dire, de bonnes fortunes dramatiques, occupé sans cesse
de grossir la liste de ses succès. Au train dont il menait ses
triomphes, il n'eut guère le temps de s'arrêter à l'homme et
de l'étudier ; il a cru qu'en essayant de peindre au vol tous les
ridicules, tous les travers de la société au milieu de laquelle il
vivait, il aurait assez profondément fondé sa gloire ; mais les
hommes qu'il avait traduits sur la scène ont disparu, la société

à laquelle il s'était attaché a passé, et a été remplacée par une société nouvelle qui n'a plus trouvé à ses peintures guère plus d'intérêt qu'on n'en trouve à un vieux portrait de famille dont on n'a pas connu l'original. Autre élément d'oubli : comptant presque uniquement sur les effets de la scène qu'il entend merveilleusement, M. Picard trop souvent a négligé de donner à ses ouvrages le mérite du style, sans lequel, de nos jours surtout, aucune œuvre ne saurait vivre. De là pour lui la nécessité de faire toujours, sinon du neuf, au moins du nouveau, et d'aller en avant. Du reste jusqu'à présent, personne ne s'est soumis de meilleure grâce à cette nécessité : chaque année trois ou quatre succès, sans compter les essais moins heureux, attestent son intarissable fécondité. Ou nous nous trompons, ou la liste complète de ses ouvrages dramatiques ne monte pas à moins de quatre-vingts. Possédé du démon du travail, si tant est que ce démon existe, comme plusieurs de ses confrères que je pourrais citer le sont du démon de la paresse, nous ne pensons pas qu'il ait jamais laissé perdre une seule des idées comiques qui se révélèrent à lui. On le voit peu dans le monde, auquel il se reprocherait de sacrifier un temps qu'il sait si bien mettre à profit. Retiré au Marais, quartier de paix et de labeur, à l'entrée duquel viennent mourir les derniers bruits du siècle qui passe et repasse sans cesse sans pouvoir y pénétrer, M. Picard en sort quelquefois, pour aller faire ses récoltes de ridicules ; puis aussitôt il vient les mettre en œuvre avec autant d'ardeur que si sa fortune littéraire était encore à faire et qu'il ne fût pas de l'Académie.

M. MICHELOT.

Né en 1786, Michelot fut destiné par son père à la carrière des sciences. Au moment de passer ses examens pour l'école polytechnique (en 1802), la paix d'Amiens venait de se conclure; son père changea ses vues sur lui et le fit entrer dans une maison de banque anglaise (Ogilvie et comp.ᵉ) qui vint s'établir à Paris, et avec laquelle il avait conservé des relations de correspondance commerciale pendant la guerre. Michelot se livra à l'étude du haut commerce, et fut promptement en état, quoique très-jeune, de diriger les affaires de la maison, où il obtint le titre de premier commis français.

Dans ses loisirs, il cultivait par goût la littérature théâtrale, et suivait avec exactitude les brillantes représentations de la comédie française. Ce goût passionné pour la belle langue de Molière et de Racine, le détermina à accepter des rôles modestes dans quelques théâtres de société bourgeoise, où il ne se montrait que pour avoir occasion de faire valoir ses amis, qui voulaient tous jouer les grands rôles.

A l'époque de la rupture du traité d'Amiens, la guerre avec l'Angleterre obligea M. Ogilvie et comp.ᵉ à fermer sa maison de Paris. Ce banquier proposa à Michelot la place de premier commis français dans sa maison de Londres, avec un intérêt et la certitude d'être associé cinq ans après. Toutes ces conditions étaient réglées, lorsque la mère du futur émigré mit obstacle à l'exécution du traité, en déclarant qu'elle ne consentirait jamais à se séparer de son fils.

Michelot n'ayant plus que des loisirs , continua de jouer la comédie en société , eu attendant que son père lui fît prendre un nouveau parti.

Alors le Théâtre-Français cherchait à se recruter de jeunes gens ; il envoyait des commissaires dans les théâtres d'amateurs , qui faisaient leurs rapports sur les dispositions de ceux qui s'exerçaient par amusement (la province n'offrait déjà plus de ressources). A son bien grand étonnement , Michelot fut distingué et invité à se rendre auprès de l'autorité (M. Mahérault) qui administrait alors le Théâtre-Français , pour entendre des propositions , auxquelles il crut devoir répondre négativement. Il trouvait en lui plus d'amour pour la littérature , qu'une véritable aptitude à lui servir d'interprète sur le théâtre.

Cependant , après avoir réfléchi , la distinction dont il avait été l'objet lui échauffa l'imagination , et il pensa que d'autres pouvaient être meilleurs juges que lui dans sa propre cause. Il écouta une seconde proposition , et consentit à se faire entendre au comité du Théâtre-Français. L'examen eut lieu , et Talma et Michot voulurent conjointement se charger de son éducation dramatique. On le fit débuter en mars 1805 , après un an d'études.

Au bout de deux ans ses progrès avaient été assez rapides , ses succès assez éclatants , pour qu'on le crût capable de communiquer les principes d'un art dans lequel cependant il débutait à peine. Nommé professeur de déclamation au Conservatoire , il justifia pleinement la confiance dont il avait été l'objet. Mais quelque savante théorie qu'il pût développer à ses élèves , les leçons où ils durent profiter le plus , furent celles qu'il leur offrait tous les soirs sur la scène , par son jeu à la fois plein de grâce , de chaleur et de bon ton.

Ses moyens extérieurs l'appelant plus spécialement à l'expression des personnages comiques , il a renoncé aux emplois de la tragédie , dans laquelle cependant il ne se montre pas sans honneur. Nous ne parlerons pas ici des rôles auxquels il a prêté le secours toujours précieux de son talent, chacun sait qu'il excella toujours dans ceux qui demandaient dans leur allure de l'entraînement, de la verve et une certaine profondeur. Préparé à la carrière qu'il parcourt, par des études plus fortes que n'en font d'ordinaire les hommes qui se destinent au théâtre, doué d'ailleurs d'un tact merveilleux pour reconnaître ce qui doit plaire au public, Michelot a compris de bonne heure la nécessité d'une réforme dans les habitudes de notre scène : il a été un des premiers à essayer d'en faire comprendre l'imminence à ses collègues, et ce n'est pas à lui qu'il faut s'en prendre si des résultats plus remarquables n'ont pas été obtenus. Partisan déclaré d'une complète rénovation, il doit la solliciter avec d'autant plus d'ardeur, que dans le seul essai qui ait été tenté à la Comédie Française, *Louis XI à Péronne*, si l'auteur, si l'école nouvelle, n'ont pas grandement avancé leur cause, il y a, lui, pour son compte, travaillé d'une façon singulièrement heureuse à sa renommée. Que sera-ce donc, quand nous le verrons l'interprète de quelque conception plus forte et mieux arrêtée, quand il sera soulevé par son rôle, au lieu d'être obligé de le porter ; en un mot, quand l'acteur ne sera pas obligé d'être en même temps l'auteur et de faire la pièce en la jouant ?

Exerçant à la Comédie Française une notable influence, il l'emploie toute entière au profit du progrès de l'art ; plus d'une fois de jeunes talents, qui n'avaient pas comme lui le bonheur de vivre dans un temps où l'on venait les chercher, ont trouvé en lui un protecteur chaleureux. Jamais aucun avenir littéraire, si jeune, si obscur qu'il fût, n'a eu à se plaindre d'être entravé par ses prétentions et de ses exigeances, et on citerait un bon nombre d'auteurs qui ont pu mettre à profit les conseils de son expérience. Tout en poursuivant la carrière à laquelle sa vocation l'a attaché, il n'a pas oublié celle qui dut être d'abord la sienne ; l'étude des sciences naturelles remplit en grande partie des loisirs que lui laissent les travaux de la scène. Destiné d'abord à une existence toute positive, ne s'occupant du théâtre que comme distraction et délassement, c'est une chose assez remarquable de voir comment sa vie a été retournée, comment l'art a déplacé la science, comment l'accessoire a détrôné le principal : exemple nouveau de la dérision de la Providence sur les pensées des hommes et sur leurs projets.